신문이 보이고 뉴스가 들리는 재미있는 **화산과 지진 이야기** ㊵

신문이 보이고 뉴스가 들리는 ㊵
재미있는 **화산과 지진 이야기**

초판 1쇄 발행 | 2014년 7월 11일
초판 7쇄 발행 | 2021년 1월 20일

지 은 이 | 이충환
그 린 이 | 송진욱
감 수 | 윤성효

펴 낸 곳 | (주)가나문화콘텐츠
펴 낸 이 | 김남전
편 집 장 | 유다형
편 집 | 이보라
외 주 편 집 | 김혜영
디 자 인 | 정란
마 케 팅 | 정상원 한웅 정용민 김건우
경 영 관 리 | 임종열 김하은

출 판 등 록 | 2002년 2월 15일 제10-2308호
주 소 | 경기도 고양시 덕양구 호원길 3-2
전 화 | 02-717-5494(편집부) 02-332-7755(관리부)
팩 스 | 02-324-9944
홈 페 이 지 | ganapub.com
이 메 일 | ganapub@naver.com

ISBN 978-89-5736-678-3 (74450)

*책값은 뒤표지에 표시되어 있습니다.
*이 책의 내용을 재사용하려면 반드시 (주)가나문화콘텐츠의 동의를 얻어야 합니다.
*잘못된 책은 구입하신 서점에서 바꾸어 드립니다.

*'가나출판사'는 (주)가나문화콘텐츠의 출판 브랜드입니다.

이 도서의 국립중앙도서관 출판시도서목록(CIP)은 서지정보유통지원시스템 홈페이지(http://seoji.nl.go.kr)와
국가자료공동목록시스템(http://www.nl.go.kr/kolisnet)에서 이용하실 수 있습니다.(CIP제어번호: CIP2014018919)

- 제조자명 : (주)가나문화콘텐츠
- 주소 및 전화번호 : 경기도 고양시 덕양구 호원길 3-2 / 02-717-5494
- 인쇄일 : 2021년 1월 13일
- 제조국명 : 대한민국
- 사용연령 : 4세 이상 어린이 제품

신문이 보이고 뉴스가 들리는 재미있는 화산과 지진 이야기

40

글 이충환 | 그림 송진욱
감수 윤성효(부산대학교 지구과학교육과 교수)

가나출판사

| 머리말 |

화산과 지진,
알고 대처하면 무서울 게 없어요!

    2010년 4월 유럽 전체에서 10만여 편의 항공기가 출발하지 못하거나 도착하지 못해 승객 800만 명의 발이 묶였어요. 이 항공 대란은 그해 3월 20일 아이슬란드의 한 화산이 폭발할 때 나온 엄청난 양의 화산재 때문에 일어났답니다.

    그리고 2011년 3월 11일에는 일본 도호쿠 지방의 태평양 앞바다에서 규모 9.0의 강한 지진이 발생했어요. 그 여파로 높이 15m의 초대형 지진해일(쓰나미)이 후쿠시마 원자력 발전소를 덮쳐 위험한 방사성 물질이 밖으로 많이 새어 나오는 일도 있었어요.

    이렇게 최근 몇 년 사이에 전 세계적으로 화산과 지진 그리고 지진해일에 의해 큰 피해가 있어 왔어요. 그러면 우리나라는 어떨까요?

    우리나라는 화산과 지진으로부터 비교적 안전한 지대로 알려져 있어요. 그런데 화산 학자들은 꾸준히 백두산의 폭발 가능성을 제기하고 있고, 한반도와 주변 해역에서 심심치 않게 지진이 일어나고 있답니다. 예를 들어 지난 2016년 9월 12일 저녁에 경북 경주에서 규모 5.8의 지진이 발생해 서울을 비롯한 수도권에서도 많은 사람들이 건물의 흔들림을 느꼈어요.

    화산, 지진, 지진해일 같은 자연재해는 한번 일어나면 큰 피해가 생기기 때문에 공

포의 대상이에요. 하지만 화산이 왜 폭발하는지, 지진이 어떻게 발생하는지, 지진해일에는 어떻게 대처해야 하는지 알고 나면 두렵지 않지요.

2004년 12월 타이 푸껫 해변에서 가족과 함께 휴가를 즐기던 틸리 스미스라는 10세의 영국 소녀는 수업 시간에 배웠던 지진해일 지식 덕분에 큰 해일이 해안을 덮치기 전 100여 명의 관광객을 대피하도록 했답니다.

이 외에 이 책에는 돌하르방과 석굴암을 만든 암석이 어떻게 다른지, 화산 폭발로 어떤 나라가 망하고 어떤 도시가 사라졌는지, 백두산이 정말 폭발할지 등의 재미있는 이야기가 담겨 있어요. 또 세계에서 일어난 역사상 중요한 지진, 우리 역사 속 지진 기록에서부터 지진이 언제 일어날지 미리 알 수 있는지, 수도권에 강한 지진이 일어나면 어떻게 될지, 동해에 지진해일이 발생한다면 무슨 일이 벌어질지까지 지진에 대한 유익한 정보를 접할 수 있답니다.

이 책을 읽은 어린이 여러분은 모두 자연재해가 닥쳤을 때 틸리 스미스처럼 현명하게 대처하는 사람이 되기 바랍니다.

과학 전문 기자
이충환

| 추천의 글 |

화산 활동과 지진은
지구가 살아 있다는 증거

우리는 지구를 살아 있는 행성이라고 불러요. 우리가 지구를 살아 있다고 말할 때 가장 중요한 지질 사건이 바로 지진과 화산 활동이지요. 요즘에는 인터넷, SNS 등의 발전으로 전 세계에서 일어나는 지진과 화산 활동을 거의 매일 신문이나 텔레비전에서 보고, 라디오 뉴스에서 들을 수 있어요.

지구 표면의 움직임을 설명하는 '판구조론'이라는 이론에 따르면, 우리나라 주변 지역은 태평양판(해양판), 필리핀해판(해양판), 북미판(대륙판) 그리고 유라시아판(대륙판) 등 4개의 판들이 상호 작용하는 지역이에요. 그런데 이들 판 4개가 한데 모여 서로 상호작용해서 지진과 화산 활동이 자주 일어나는 일본과는 달리, 우리나라는 이들 판의 경계부에서 조금 멀리 떨어져 있는 유라시아판 내부 가장자리에 속해 있어요. 그래서 인접한 일본과 같이 지진과 화산활동은 그리 흔하지는 않지요. 그러므로 우리가 몸으로 느낄 수 있는 지진이나 화산 활동을 경험하기는 매우 어려워요.

그러나 우리나라의 백두산, 한라산 그리고 동해상의 울릉도, 독도 등은 과거 지질 시대에 분화한 경험이 있는 화산체들이고, 특히 백두산과 한라산은 역사 시대에 분화한 기록을 가지고 있는 활동적인 화산에 속해요. 백두산이 과연 가까운 미래에 폭발

적으로 분화할까요?

《신문이 보이고 뉴스가 들리는 재미있는 화산과 지진 이야기》는 신문이나 뉴스에 등장하는 화산과 지진에 대한, 누구나 쉽게 이해할 수 있는 기초적인 정보를 많이 담고 있어요. 이 책에서는 살아 있는 화산은 어떤 활동을 할까? 우리나라의 어떤 산이 화산이고 어떻게 만들어졌을까? 폭발적으로 분화하는 화산에서 발생하는 피해와 이로운 점은 무엇일까? 건물을 뒤흔드는 지진이 우리나라에서도 발생할까? 지진에 대처하는 방법은 무엇일까? 등 화산과 지진과 같은 지각 변동에 대한 기본적이고 중요한 정보를 그림과 함께 이야기 형식으로 쉽게 설명하고 있어요. 초등학생뿐만 아니라 중학생, 일반인들도 쉽게 이해할 수 있는 매우 유익한 책이라고 생각됩니다.

이 책을 통해 화산과 지진에 대해 올바르게 이해하고 정확한 지식을 얻어서, 갑작스럽게 일어나는 화산이나 지진과 같은 자연재해에 대비해 여러분 스스로를 안전하게 지킬 수 있기를 희망합니다.

부산대학교 지구과학교육과 교수
윤성효

| 차 례 |

1장 화산은 살아 있다! · 12

옛날 사람들은 화산 폭발을 신의 활동이라고 믿었다고요? · 14
화산이 분출할 때 뭐가 나와요? · 16
화산의 모양이 여러 가지라고요? · 18
화산과 관계있는 암석이 있다고요? · 22
돌하르방의 현무암 vs 석굴암의 화강암 · 24
바다에도 화산이 있다고요? · 26
지구 밖 태양계에도 화산이 있다고요? · 28

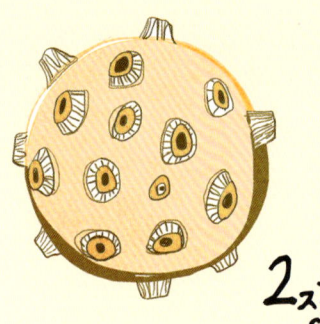

2장 우리나라의 화산 · 32

백두산은 정말로 폭발할까요? · 34
옛날에 백두산이 폭발한 적이 있다고요? · 36
천지와 백록담이 똑같은 호수가 아니라고요? · 38
화산 활동이 만든 백두산과 한라산 · 40
해저 화산이 만든 제주도, 울릉도, 독도 · 44
제주도에서 발견되는 화산 지형 · 46

3장 | 폭발하는 화산 정복하기 · 50

화산의 탄생부터 죽음까지, 파리쿠틴 화산 · 52
화산 폭발의 세기는 어떻게 알 수 있어요? · 54
화산이 폭발할 때 나오는 분출물은 위험한가요? · 58
화산재가 기후에 영향을 미친다고요? · 60
화산재 때문에 일어난 유럽의 항공 대란 · 62
화산 폭발 때문에 나라가 멸망했다고요?
전설의 대륙, 아틀란티스의 멸망 · 64
화산 폭발로 도시가 없어졌다고요? 폼페이의 최후 · 66
화산 폭발이 나쁘기만 한 건 아니라고요? · 68
앞으로 10년 동안 지켜보아야 할 세계 화산 · 70
소리로 화산 폭발을 감시한다고요? · 72
화산 폭발에 어떻게 대비해야 할까요? · 74
불 속에 뛰어드는 과학자, 화산학자 · 76

4장 | 흔들리는 지진을 잡아라! · 78

지진은 왜 일어나요? · 80
진원은 뭐고 진앙은 뭐예요? · 82
그럼, 지진파는 뭐예요? · 84
지진의 세기는 어떻게 나타내요? · 86
세계에서 일어난 역사상 중요한 지진 · 88

5장 지진의 뒤를 따르다 · 90

지진이 언제 일어날지 미리 알 수 없나요? · 92
동물들이 지진을 먼저 알아챈다고요? · 94
지진 피해는 한 번으로 끝나지 않는다고요? · 96
지진만큼 무서운 지진해일 · 98
지진해일이 일어나면 어떻게 대처해야 하나요? · 100
원자력 발전소는 지진에 대비해 어떻게 지어야 해요? · 102
원자력 발전소가 터지면 어떻게 돼요? · 104
지진이 일어나면 어떻게 해야 해요? · 106
지진 예측에 도전하는 과학자, 지진학자 · 108

6장 우리나라의 지진 · 110

우리 역사 속 지진 기록 · 112
우리나라는 지진의 안전지대인가요? · 114
우리나라에서 가장 강한 지진이 경주에서 났다고요? · 116
경주 지진은 왜 일어난 건가요? · 118
수도권에 강한 지진이 일어나면 어떻게 될까요? · 120
동해에 지진해일이 일어난다면 어떻게 될까요? · 122

7장 화산과 지진, 따로 또 같이! · 124

지진과 화산이 자주 일어나는 곳이 있어요?
태평양을 둘러싼 환태평양 지진대와 화산대 · 126

지진과 화산 폭발은 지구 표면의 판과 관련 있다고요? · 128

두 판이 부딪히면, 지진과 화산 폭발 이외에
또 어떤 일이 생겨요? · 130

지금도 지구 표면의 판과 대륙이 움직여요? · 134

대륙이 움직이는 걸 어떻게 알았나요? · 136

대륙을 움직이는 힘은 뭐예요? · 138

지구의 내부는 어떻게 생겼어요? · 140

8장 화산·지진과 다르게 천천히 일어나는 지각 변동 · 142

땅이 올라갔다 내려갔다 하는 조륙 운동 · 144

대규모 습곡산맥을 만드는 조산 운동 · 148

지각이 끊어져 어긋난 단층 · 150

태양계에서 일어나는 지각 변동 · 152

사진 출처 · 156
찾아보기 · 157

화산은 살아 있다!

우르릉, 쾅쾅! 커다란 소리와 함께 시커먼 연기가 피어오르고 땅이 흔들려요.
곧이어 시뻘겋고 뜨거운 용암이 무서운 속도로 흘러내려요.
바로 화산이 분출하는 모습이에요.
옛날 사람들은 화산 폭발을 신의 활동이라고 믿었어요.
정말 그럴까요? 화산이 무엇인지, 화산은 왜 폭발하는지,
화산이 분출할 때 뭐가 나오는지 등등 지금부터 함께 알아보아요.

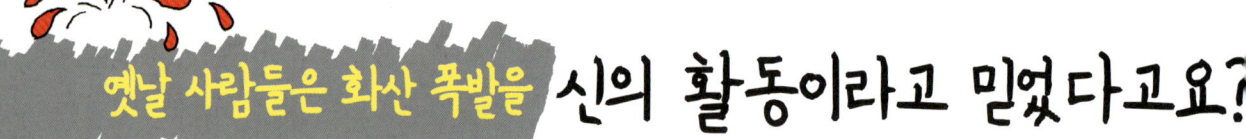
옛날 사람들은 화산 폭발을 신의 활동이라고 믿었다고요?

유럽 대륙에서 지중해 쪽으로 툭 튀어나온 나라 이탈리아에는 시칠리아 섬이 있는데, 이곳에는 수천 년간 불을 뿜어 온 화산이 있어요. 지금도 자주 분출하는 이 화산은 바로 에트나 화산이에요.

고대 페니키아 인은 지중해를 배로 오갈 때 에트나 화산에서 나오는 연기를 보고 방향을 찾았다고 해요. 그리고 고대 그리스 인들은 화산을 에트나라고 불렀대요. 화산이 도대체 뭘까요?

화산은 영어로 볼케이노(volcano)라고 하는데, 이 단어는 로마 신화에 나오는 '불의 신'인 불카누스(Vulcanus)에서 온 말이에요. 불카누스는 그리스 신화의 헤파이스토스와 같은 신이랍니다. 불카누스는 못생긴 얼굴의 절름발이였는데, 영웅 헤라클레스의 갑옷, 전쟁의 신 아레스의 무기, 신들의 왕 제우스의 천둥과 번개까지 만든 대장장이였지요.

신화에 따르면 불카누스의 대장간이 바로 에트나 화산 밑에 있었다고 해요. 불카누스가 연기가 자욱한 땅속 대장간에서 신의 물건을 만들며

쇠를 힘껏 때릴 때마다 에트나 화산에서 폭발음과 함께 불꽃이 튀어나왔다는 이야기이지요.

이처럼 옛날 사람들은 화산 폭발을 신의 활동이라고 믿었어요.

화산은 땅속 마그마가 땅(지각)의 틈을 통해 땅 위로 뿜어져 나오면서 만들어진 산이에요. 땅속 매우 깊은 곳은 엄청 뜨거워요. 그래서 암석이 녹기도 하는데, 이렇게 녹은 암석을 마그마라고 말해요.

화쇄류

용암

마그마

마그마방

화산이 분출할 때 뭐가 나와요?

텔레비전에서 화산이 분출하는 모습을 보면 커다란 소리와 함께 연기가 나요. 시뻘건 용암이 주변을 집어삼킬 듯 빠른 속도로 흘러내리고, 주변에 불이 나기도 해요. 화산이 분출할 때에는 용암만 나오는 것이 아니에요. 돌(암석 조각), 먼지 같은 화산재도 함께 나와요. 또 마그마에 녹아 있던 수증기나 이산화탄소 등 여러 기체도 함께 나와요. 화산재는 바람에 실려 주변 지역으로 날아가 비처럼 내려요. 이렇게 화산이 분출할 때 나오는 모든 물질을 통틀어 화산 분출물이라고 해요.

특히 화산이 분출할 때 나오는 기체를 화산 가스라고 하는데, 이 화산 가스는 마그마가 쉽게 분출될 수 있도록 도와주어요. 사이다 병을 흔든 뒤 뚜껑을 따면, 사이다에 들어 있는 탄산가스(이산화탄소)가 밖으로 빠져 나오면서 거품이 솟구치는 것과 같은 원리예요. 화산 가스가 분출하면서 생기는 힘이 산을 폭발시켜 무너져 내리게 하고 화산재가 엄청 높이 솟구쳐 오르게 하지요.

화산 가스 중에서 가장 많은 양을 차지하는 것은 수증기예요. 수증기는 흔히 전체 화산 가스의 절반을 차지하지만, 어떤 경우에는 90% 이상을 차지하기도 해요. 다음으로 많은 것은 이산화탄소예요. 그 밖에 염소, 염화수소, 질소 등 여러 기체가 포함되어 있지요.

화산 가스 가운데 염소와 염화수소는 바다 소금의 근원이 되고, 수증기나 이산화탄소 등은 대기(지구를 둘러싸고 있는 기체)가 돼요.

▼ 파푸아뉴기니에 있는 활화산인 타부르부르 산의 분화

화산 암석 조각(고체)

화산 가스(기체) + 화산재(고체)

용암(액체)

땅속에 있다가 처음으로 땅 위로 올라온 물, 처녀수

땅속의 마그마는 암석이 녹은 것으로 물이 포함되어 있어요. 따라서 마그마가 단단히 굳을 때 그 사이에 있던 물이 밖으로 빠져나오는데, 이 물을 초생수라고 해요. 이 물은 땅속 암석의 틈바구니를 뚫고 처음으로 땅 위에 솟아오르기 때문에 처녀수라고도 해요. 일반적으로 지구상의 물은 바다, 강, 호수 등에서 증발했다가 눈이나 비로 내려 땅 위로 흐르고, 일부는 지하수가 되며 일부는 다시 증발하는 일을 되풀이해요. 이렇게 순환하는 물을 순환수라고 하지요. 이에 비해 처녀수는 땅속에 있다가 처음으로 땅 위로 올라온 물을 가리켜요. 온천수에는 처녀수와 순환수가 섞여 있대요.

화산의 모양이 여러 가지라고요?

세계 곳곳의 화산 사진을 보면 그 모양이 달라요. 어떤 화산은 방패를 엎어 놓은 것처럼 경사가 완만하고, 어떤 화산은 종을 엎어 놓은 것처럼 경사가 급하지요.

화산 모양은 왜 이렇게 다를까요? 그 이유는 바로 땅 위로 흘러나오는 용암의 특징에서 찾을 수 있어요. 용암은 마그마에 녹아 있던 여러 기체가 빠져나간 거예요. 즉, 땅속에서는 마그마였던 것이 땅 위로 올라오면 용암이 되지요.

용암은 끈적거리는 정도가 클수록 잘 흐르지 못해요. 따라서 조금 끈적거려서 잘 흐르는 용암은 넓게 퍼져서 경사가 완만한 화산을 만들고, 많이 끈적거리는 용암은 잘 흐르지 못해서 경사가 급한 화산을 만들어요.

순상화산과 종상화산

경사가 완만한 화산을 순상화산이라고 하고, 경사가 급한 화산을 종상화산(또는 용암돔)이라고 해요. 종상화산 가운데에는 땅 위로 솟아오른 부

순상화산(하와이의 마우나로아 화산)

종상화산(제주도의 산방산)

분이 탑 모양인 것도 있어요. 이것은 지하에서 굳은 용암이 위로 떠밀려 올라와 생긴 것으로, 용암탑이라고도 해요.

성층화산과 기생화산

방패나 종 모양이 아닌 원뿔 모양의 큰 화산도 있어요. 이런 화산을 성층화산이라고 해요. 예전에는 원추화산이라고도 했는데, 이제 이 용어는 잘 안 써요. 보통 높이가 2000~3000미터나 되지요.

성층화산은 순상화산보다는 경사가 급하고 종상화산보다는 경사가 완만해요. 폭발이 일어나 화산재가 쌓이고 그 후 용암이 흘러나와 굳어지

성층화산(일본의 후지 산)

는 과정을 반복하며, 화산재와 용암이 번갈아 쌓여서 만들어진 화산이에요. 일본의 후지 산, 필리핀의 메이온 화산이 대표적이에요.

　큰 원뿔 모양의 화산에는 화산의 옆쪽으로 붙어 있는 작은 화산이 있어요. 이 작은 화산은 기생화산이라고 해요. 기생화산은 큰 성층화산 속의 마그마가 땅 위로 솟아오를 때 산꼭대기 분화구를 향해 한 방향으로 나오지 않고 옆으로도 삐져나오면서 생긴 화산이에요.

복합화산

　여러 가지 화산이 섞인 매우 복잡한 모양의 화산이 있는데, 이 화산을 복합화산이라고 해요. 복합화산은 순상화산과 종상화산이 합쳐지거나 용암대지와 종상화산이 겹쳐져 나타날 수 있어요. 이탈리아 에트나 화산이 대표적이에요.

　전체 모양은 원뿔 모양의 성층화산과 비슷하지만 산허리에 보면 여기저기 기생화산이 흩어져 있어요. 분화구가 여러 개이고, 현재의 분화구가 과거에 마그마와 화산재를 뿜어냈던 분화구가 아니라는 게 특징이에요.

복합화산(이탈리아의 에트나 화산)

인도의 용암대지인 데칸 고원

용암대지

조금 끈적거려 잘 흐르는 용암이 아주 많이 흘러나와 넓은 땅을 덮으면 용암대지가 만들어져요. 현무암의 성질을 띤 용암은 조금 끈적거리고 잘 흐르므로 용암대지는 대부분 현무암으로 되어 있어요. 인도의 데칸고원, 한국의 개마고원 등이 대표적이에요.

제주도의 오름이 기생화산이 아니라고요?

이탈리아의 에트나 화산에는 250여 개의 기생화산이 있고, 제주도의 한라산에는 360여 개의 단성화산이 있어요. 특히 제주도에서는 단성화산을 오름이라고 부르는데, 오름은 작은 산을 뜻하는 제주도 방언이에요. 단성화산은 마그마의 생성 원인(위치)이 각각 다른 작은 소화산체를 말해요. 형상만 보는 지리학에서는 제주도의 오름을 한라산이란 큰 화산 주변에 있다고 해서 기생화산이라고 부르기도 하지만, 엄밀히 생성 원인을 따지면 단성화산이라고 표현하는 것이 맞아요.

화산과 관계있는 암석이 있다고요?

제주도의 돌하르방을 본 적이 있나요? 구멍이 많은 검은색 돌로 만들어져 있어요. 또 경주 석굴암의 불상을 본 적이 있나요? 흰색에 검은 점이 박힌 단단한 돌로 만들어져 있답니다.

돌하르방은 현무암이라는 암석으로 되어 있고, 석굴암의 불상은 화강암이라는 암석으로 되어 있어요. 이 두 암석은 모두 뜨거운 마그마(용암)가 식어서 굳어져 만들어진 거예요. 이런 암석을 '화성암'이라고 해요.

화성암은 어디에서 만들어졌는지에 따라 화산암, 반심성암, 심성암으로 나뉘어요.

화산암은 땅 표면 가까이에서 굳어져 만들어진 암석이에요. 심성암은 땅속 깊은 곳에서 굳어져 만들어진 암석이고, 반심성암은 화산암과 심성암의 중간 깊이에서 굳어져 만들어진 암석이지요.

제주도에서 많이 볼 수 있는 현무암은 정확히 말하면 화성암 가운데에서도 화산암에 속하는 암석이랍니다. 석굴암의 불상을 만드는 데 사용된 화강암은 심성암에 속하는 암석이고요.

흥미롭게도 화성암은 만들어진 깊이에 따라 암석 알갱이의 크기도 달라요. 화산암은 마그마가 땅 위에서 빨리 식으며 만들어지다 보니 암석 알갱이가 작아요. 반면에 심성암은 땅속에서 천천히 식으며 만들어져 알갱이가 크지요. 반심성암의 알갱이는 어떨까요? 화산암과 심성암의 중간 크기랍니다.

돌하르방의 현무암 VS 석굴암의 화강암

마그마가 식어서 만들어진 암석인 화성암 가운데에서도 주변에서 많이 볼 수 있는 현무암과 화강암에 대해 좀 더 알아볼까요?

먼저 제주도에 가면 흔하게 볼 수 있는 돌하르방은 현무암으로 만들어졌어요. 돌하르방은 제주도 방언으로 '돌로 만든 할아버지'라는 뜻인데, 성문 앞에 위엄 있게 서서 섬을 지키는 수호신 역할을 한다고 해요.

전체적으로 어두운 색을 띤 돌하르방을 찬찬히 살펴보면, 구멍이 송송 뚫려 있고 여러 가지 색의 작은 알갱이가 보여요. 이것이 바로 현무암의 특징이지요. 현무암은 땅 위로 나온 용암이 빠르게 식어서 굳어진 화산암에 속해요. 현무암의 구멍은 용암이 빠르게 식으면서 가스가 빠져나간 자리라고 해요. 물론 구멍이 없는 현무암도 있어요.

다음으로 화강암에 대해 알아볼까요?

경주 토함산에 올라가 보면 돌을 다듬어 굴처럼 세운 절이 있어요. 바로 석굴암이랍니다. 안으로 들어가 보면 둥그란 공간 가운데에 커다란 불상이 자리를 잡고 있어요.

석굴암을 보고 있으면, 전체적으로 단단하고 밝은 돌을 사용했음을 알 수 있지요. 닦으면 반짝반짝 아름답게 빛나서 지금도 건축 재료로 많이 쓰이는 화강암이에요. 화강암은 땅속 깊은 곳에서 마그마가 천천히 식어서 굳은 심성암에 속하지요.

화강암을 자세히 관찰하면 암석 알갱이가 현무암보다 더 크다는 사실을 알 수 있어요.

화강암을 이루는 주요 광물은 석영, 장석, 운모랍니다.

바다에도 화산이 있다고요?

화산은 땅 위에만 있을까요? 그렇지 않아요.

바닷속에도 화산이 있답니다. 이것을 해저 화산이라고 하지요.

해저 화산은 전 세계에 200개 정도 있다고 해요. 그 가운데에서 50개 정도가 화산섬을 만들었는데, 오랫동안 파도에 깎여 대부분 바닷속으로 그 모습을 감추었지요. 또 대폭발이 일어나 스스로 파괴된 것도 있고요.

화산섬은 용암이나 화산재가 쌓여 해수면(바다 표면) 위에 생긴 섬이에요. 화산에서 분출되어 나온 용암이 쌓여 생기기도 하고, 육지에서 가까운 *대륙붕이나 깊이 2000미터 이상의 심해저(깊은 바다 밑)에서 흘러나온 용암이 점점 쌓여 꼭대기 부분이 해수면 위로 나와 화산섬이 되기도 해요.

그런데 해저 화산이 분출하는지 어떻게 알 수 있을까요?

바다 밑의 화산, 즉 해저 화산도 땅 위의 화산처럼 마그마, 화산재, 기체 등을 분출해요. 그러므로 해저 화산 위 해수면의 물이 위로 솟아오르고 죽은 물고기나 부석(용암이 갑자기 식어서 생긴, 구멍이 많고 가벼운 돌)이 떠오르는지 관찰하면 되지요. 이런 현상이 나타나면 해저 화산이 분출했다고 볼 수 있어요.

*대륙붕: 육지에 가깝고, 평균 깊이가 200미터까지의 경사가 완만하고 얕은 바다 밑을 '대륙붕'이라고 해요.

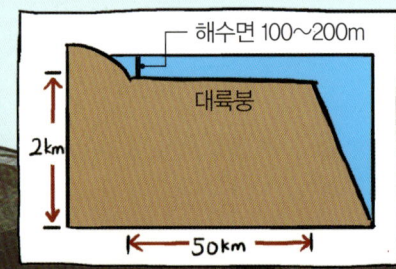

화산섬과 하와이 제도

그리스의 티라 섬과 인도네시아의 크라카타우 섬은 대륙붕 위에서 용암이 분출해 만들어진 화산섬이고, 하와이 제도와 세인트 헬레나 섬은 심해저에서 용암이 분출해 만들어진 화산섬이에요. 특히 하와이 제도는 대륙에서 3000킬로미터 이상 떨어져 있는 섬들이 모여 있는 지역이랍니다. 19개의 섬과 수많은 암초, 고리 모양으로 배열된 산호초, 해저 화산으로 이루어져 있지요. 특히 하와이 섬에 있는 마우나케아 화산(높이 4207미터)은 물 아래 잠겨 있는 부분까지 치면 높이가 1만 100미터로 에베레스트 산보다 1252미터가량 더 높기로 유명해요.

하와이 제도의 마우나케아 화산. 물 아래 있는 부분까지 따지면 에베레스트 산보다 1252미터 높아요.

지구 밖 태양계에도 화산이 있다고요?

화산이 지구에만 있는 것은 아니에요. 지구 밖의 *태양계 행성이나 위성에도 많이 있답니다. 특히 화성과 금성에는 지구에 있는 화산보다 규모가 훨씬 큰 화산이 있어요. 또 목성의 위성 이오에서는 지금도 엄청난 규모로 폭발하고 있는 활화산이 있지요.

*태양계 행성: 지구처럼 태양을 중심으로 도는 천체예요. 태양계에는 지구를 비롯해 수성, 금성, 화성, 목성, 토성, 천왕성, 해왕성이라는 8개 행성이 있어요.

금성에는 활동 중인 화산이 있을지도 모른다고 하니, 잘 찾아보자!

화성에 있는 올림푸스 화산

태양계에서 가장 큰 화산은 화성에 있어요. 화성의 적도 북쪽에는 거대한 순상화산이 여러 개 있는데, 그 가운데에서 가장 큰 것이 바로 태양계에서 가장 큰 화산으로 알려진 올림푸스 화산이에요. 올림푸스 화산은 평지에서 27킬로미터나 높이 솟아 있고, 지름도 600여 킬로미터 정도나

화성

▲ 태양계에서 가장 큰 화산인 올림푸스 화산

되지요. 지구에서 가장 높은 산인 에베레스트 산보다 3배 더 높아요. 하지만 비탈진 정도가 아주 완만해서 올라가기는 그리 힘들지 않을 것으로 추측되어요. 화산의 규모가 한반도 절반을 덮을 정도로 어마어마하게 커서 꼭대기에 올라가도 산의 맨 밑을 볼 수는 없답니다. 과학자들은 이 화산이 약 6억 년 전쯤 활동을 끝낸 것으로 판단하고 있어요.

화성에 어떻게 이렇게 큰 화산이 있을 수 있을까요?

화성에서는 지구에서보다 땅으로 끌어당기는 힘인 중력이 약하고, 오랫동안 표면의 변화가 거의 없었기 때문이래요.

지구보다 많은 화산을 가진 금성

금성은 표면의 대부분이 화산 활동으로 생겨났고 지구보다 화산이 몇 배나 많아요. 현재까지 지름 100킬로미터가 넘는 화산이 160개 넘게 발견됐답니다. 지구에서 이만한 크기의 화산은 하와이 본섬의 화산뿐이에요.

금성에 이렇게 화산이 많은 이유는 화산 활동이 지구보다 활발해서라

금성

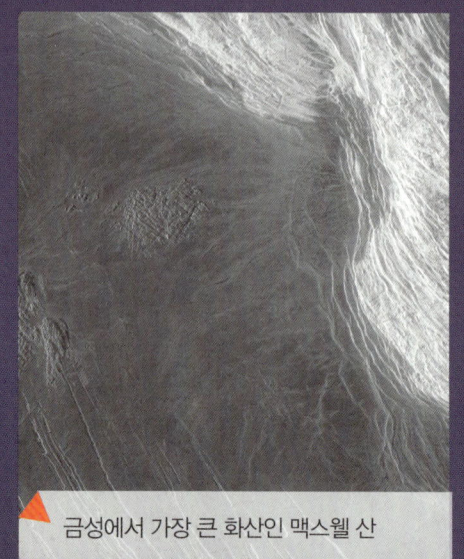

금성에서 가장 큰 화산인 맥스웰 산

기보다는 표면이 지구보다 오래되었기 때문이랍니다. 지구 표면의 평균 연령은 1억 년이지만, 금성 표면은 평균 연령이 5억 년 이상이래요.

 금성에서 가장 큰 화산은 높이가 11킬로미터에 달하는 맥스웰 산이에요. 에베레스트 산보다 높지요. 또 금성에는 흥미롭게도 꼭대기가 평평한 화산이 있어요. 이 화산은 높이가 100~1000미터이고 지름은 20~50킬로미터예요.

 그리고 금성에는 어쩌면 지금도 활동 중인 화산이 있을지도 모른다고 해요. 우주 탐사선이 금성 대기에서 번개를 관찰했는데, 이것이 화산 폭발 때 나온 재가 일으킨 번개일 수 있다고 하네요.

태양계에서 가장 큰 규모로 용암이 흐르는 이오

 태양계에서 화산 활동이 가장 활발한 천체는 목성 주변을 돌고 있는 위성인 이오랍니다. 이오는 목성 가까이에서 돌기 때문에 목성이 미치는 힘을 받아 지름이 100미터쯤 늘었다가 줄어들기를 반복해요. 이 과정에서 일어나는 마찰로 열이 발생하는데, 이 열은 화산 활동이 일어날 때 밖으로 빠져나오지요.

 이오에서는 뿜어낸 가스가 기둥을 이루는 활화산, 화산 활동에 의해 움푹 꺼져 평평한 바닥이 가파른 벽으로 둘러싸인 지역인 파테라, 많은 양의 용암이 흐르는 용암수로 등을 볼 수 있어요. 1979년 미국의 보이저 1호를 비롯한 다양한 탐사선이 관측한 내용이지요.

 수백 개의 활화산 가운데에서도 펠레 화산은 황, 이산화황 등의 가스를 300킬로미터라는 엄청난 높이까지 기둥처럼 뿜어내기도 해요.

2장 우리나라의 화산

우리나라에도 화산이 있어요. 백두산과 한라산이 바로 그 주인공이에요.
두 산 모두 겉으로 보기엔 평범한 산인데 어떻게 화산이냐고요?
백두산은 옛날에 엄청나게 크게 폭발한 적이 있어요.
그리고 앞으로도 폭발할 가능성이 있답니다.
또 한라산은 옛날에 바다 밑에서 일어난 화산 활동으로 만들어진 산이에요.
우리나라의 화산과 화산 지형에 대해 알아보아요.

백두산은 정말로 폭발할까요?

수년 전 세계적으로 유명한 과학자들이 백두산에 직접 찾아가 분화 가능성을 조사했어요. 그 결과, 백두산은 앞으로 폭발할 가능성이 높은 '매우 위험한 화산'이라는 사실이 밝혀졌어요.

화산이 폭발하기 전에는 보통 땅이 흔들리는 지진이 일어나요. 그런데 2002년부터 백두산 지역에서 작은 지진들이 잇달아 일어났어요. 한 달에 270번이나 지진이 일어난 적도 있지요.

또 산비탈을 따라 갈라진 틈이 생기거나 산사태가 일어나거나 암벽이 무너지기도 했어요. 게다가 백두산 분화구에서 말라 죽은 나무들도 관찰되었어요. 과학자들은 땅속 마그마에 녹아 있던 화산 기체가 밖으로 빠져나와 나무를 죽였다고 생각했지요.

이 외에도 백두산 꼭대기에 있는 호수인 천지 근처에 있는 온천은 온도가 최고 83℃까지 올라갔어요.

중국의 일부 화산학자들은 백두산이 이르면 몇 년 안에 폭발할 수도 있다고 주장해요. 우리나라에도 백두산이 100년 안에 폭발할 가능성이 있다고 주장하는

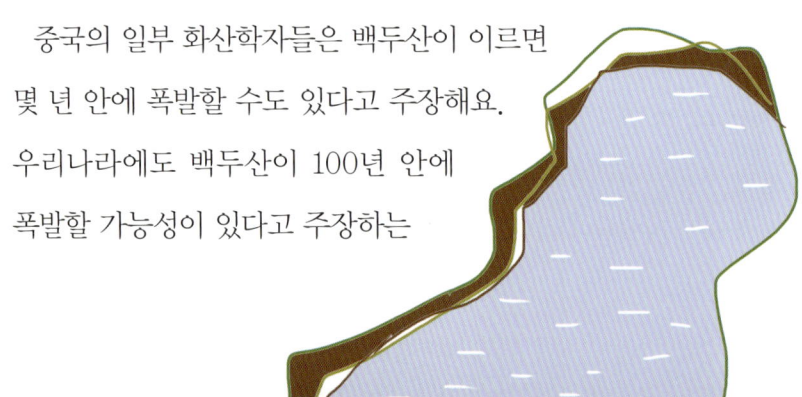

▼ 땅속에 마그마가 살아 있는 백두산

과학자가 있지요.
 이 모든 것은 결국 백두산이 땅속에 마그마가 살아 있는 활화산이라는 이야기예요. 즉, 백두산은 폭발할 수 있어요.

백두산은 지금도 마그마가 꿈틀거리는 활화산이에요

예전에는 화산이 활동하는지 안 하는지에 따라 화산을 활화산, 휴화산, 사화산의 3가지로 분류했어요. 지금도 활발하게 활동하는 화산을 활화산이라고 하고, 지금은 활동하지 않는 화산은 휴화산과 사화산이라고 했지요.
예전에 폭발한 흔적이나 기록은 있지만 지금은 활동하지 않는 화산을 '쉬고 있는 화산'이란 뜻으로 휴화산이라고 했고, 아예 폭발한 흔적이나 기록이 없는 화산을 '죽어 있는 화산'이란 뜻으로 사화산이라고 했지요.
하지만 현재는 이렇게 나누는 방법을 쓰지 않아요. 특히 휴화산이라는 말은 사용하지 않지요. 다만, 앞으로 활동할 염려가 있는 화산을 활화산이라고 해요. 예전에 휴화산으로 분류되었던 백두산은 최근 활화산으로 분류되고 있어요.

옛날에 백두산이 폭발한 적이 있다고요?

"연기와 안개 같은 기운이 서북쪽으로부터 갑자기 밀려오면서 하늘과 땅이 캄캄해지고…… 흩날리는 재는 마치 눈같이 사방에 떨어졌는데, 그 높이가 한 치(약 3센티미터)쯤 되었다."

1702년 조선 시대에 백두산이 큰 규모로 폭발했을 때, 백두산에서 약 150킬로미터 떨어져 있는 함경도 부령과 경성 지역에서 벌어진 일이 《조선왕조실록》에 기록된 내용이에요. 《조선왕조실록》의 기록에 따르면 백두산은 1403년, 1654년, 1668년에 그리고 중국 기록에 따르면 1903년에도 작은 폭발을 일으켰어요.

이보다 더 큰 백두산의 폭발은 약 1000년 전에 있었답니다. 이때 뿜어져 나온 화산재는 높이 25킬로미터 이상 솟구쳤으며, 상층 기류를 따라 이동해 일본 홋카이도와 혼슈 북부에 비처럼 내렸다고 해요. 이곳에는 화산재가 5센티미터 이상 쌓인 곳이 지금도 남아 있대요.

만일 앞으로 백두산이 폭발한다면 어떻게 될까요? 화산재가 높이 솟구쳤다가 바람에 실려 곳곳에 비처럼 내리고, 뜨거운 물질이 뿜어져 나와 주변에는 산불이 일어날 거라고 해요. 그리고 천지의 물이 흘러넘쳐 주변 지역을 못 쓰게 만들 거라고 해요. 하지만 백두산이 언제 폭발할지는 아무도 알 수 없어요.

백두산 폭발 때문에 발해가 멸망했다고요?

우리 역사에서 고구려와 어깨를 나란히 하는 발해가 926년에 멸망한 이유가 백두산의 대폭발 때문이라는 주장도 있어요. 폭발 당시 뿜어져 나온 화산재가 일본까지 날아갈 정도로 엄청났으므로, 농경지 등에 피해를 입은 발해 사람들이 나라를 버리고 망명 길에 올랐다는 주장이지요. 하지만 이 주장에는 논란의 여지가 있어요. 《고려세가》와 《고려사절요》에 따르면, 백두산은 발해가 멸망한 이후인 938년과 939년 그리고 946년과 947년에 큰 폭발을 일으킨 것으로 기록되어 있기 때문이에요.

천지와 백록담이 똑같은 호수가 아니라고요?

안개와 구름이 끼는 날이 많아, 운이 좋아야 볼 수 있다는 용왕담 천지. 옛날 신선들이 '백록(흰 사슴)'으로 담근 술을 마셨다는 전설이 내려오는 백록담. 천지와 백록담은 각각 백두산과 한라산 꼭대기에 자리한 호수예요. 두 호수는 화산 폭발 때문에 생겼지만 생긴 과정이 달라요. 백두산의 천지는 칼데라에 생긴 칼데라 호이고, 한라산의 백록담은 화구에 물이 고인 화구호예요. 칼데라 호와 화구호는 어떻게 다를까요?

먼저 칼데라 호는 칼데라에 물이 고인 호수예요.

에스파냐 어로 '요리용 냄비'라는 뜻인 칼데라는 화산이 강하게 폭발할 때 분화구 주변의 땅이 무너지거나 푹 꺼지며 생긴 곳을 말해요. 지름이 보통 2킬로미터 이상이고 수십 킬로미터에 이르는 것도 있어요. 냄비치고는 엄청 크지요? 일본의 아소 칼데라는 가운데 길이가 20킬로미터나 될 정도로 커서 세계적으로 유명하답니다.

다음으로 화구호는 어떻게 생겼을까요?

화산이 폭발한 뒤 마그마가 흘러나오거나 뿜어져 나와 가장자리에 높은 담처럼 쌓여 굳으면 가운데가 움푹 파여요. 이렇게 움푹 파인 지역을 화구(또는 분화구)라고 하는데, 여기에 물이 고여 만들어진 호수가 바로 화구호랍니다. 보통 화구는 가운데 길이가 1킬로미터를 넘지 못하므로 화구호의 크기도 이와 비슷해요.

▼ 백두산의 천지

칼데라 호인 천지가 백록담보다 커. 최대 폭이 4.4킬로미터, 최대 깊이가 384미터 정도야.

화구호인 백록담은 동서 폭이 600미터, 깊이가 108미터 정도야.

▼ 한라산의 백록담

화산 활동이 만든 백두산과 한라산

한반도에서 화산 활동은 *중생대 백악기에 활발히 이루어졌어요. 하지만 우리나라의 대표 화산인 백두산과 한라산은 *신생대 고제3기 말에서 제4기 사이에 벌어진 화산 활동으로 만들어졌어요.

*중생대 백악기: 공룡이 살았던 약 1억 4500만 년 전부터 약 6600만 년 전까지.
 신생대: 약 6600만 년 전 이후부터 현재까지.

우리나라 대표 화산, 백두산

백두산이 생기기 전 그 일대는 벌판이었어요. 그런데 2840만 년 전 일어난 화산 활동을 시작으로 백두산이 생겼어요. 백두산이 생긴 과정은 다음과 같아요.

땅속 깊이 뜨거운 곳에 마그마가 모여 있었는데, 이 마그마 가운데 일부가 땅의 갈라진 틈새를 통해 밖으로 나왔지요. 특히 2300만 년 전부터 1900만 년 전까지 400만 년간 해마다 상당한 양의 현무암 마그마가 솟구쳐 나와 그 일대에 넓은 용암대지가 생겨났어요. 이 용암대지에 이후 마그마가 두 번 더 뿜어져 나왔다가 1000만 년 동안 긴 휴식 기간이 이어졌답니다.

그러다가 443만 년 전부터 용암대지 일대에 다시 거센 분출이 있었어요. 평평하던 땅은 완만한 경사를 이루었고, 둥근 방패를 엎어 놓은 모양의 화산이 나타났지요. 이것이 바로 순상화산이에요.

이후 61만 년 전부터 8만 7000년 전까지의 긴 세월 동안 화산 분출이 반복되면서 백두산은 점점 더 높아졌어요. 그 결과 마침내 원뿔처럼 경사가 급한 원추형 화산 모양이 되었지요. 이 기간 동안 지구는 여러 차례 빙하기를 맞았고 백두산에도 빙하(얼음덩어리)가 깎아내린 계곡이 생겼지요.

화산 활동 후반부에는 대연지봉, 소연지봉, 대각봉 등이 만들어졌답니다. 이어 백두산 천지는 삼국 시대였던 500년 무렵부터 고려 시대였던 1000년쯤 전까지 이따금씩 화산 분출이 이어지면서 생겨났지요. 폭발적으로 화산 분출이 일어나는 과정에서 산꼭대기 물질이 날아가 버리고 무너져 칼데라 호수가 만들어진 거예요.

우리나라 대표 화산, 한라산

제주도에 자리 잡은 한라산은 백두산보다 어리답니다. 백두산이 초기 모습을 갖추어 갈 무렵인 180만 년 전에야 남해의 대륙붕 바다에서 화산 분출이 시작되었기 때문이지요. 당시 제주도는 바닥이 흙과 모래로 된 수심 100미터 내외의 넓은 바다였는데, 땅속 마그마가 솟구치면서 바닷물을 만나 매우 격렬하게 분출했어요. 이 과정에서 마그마가 식은 뒤 깨지며 작은 화산자갈과 화산재가 많이 생겼지요. 이런 화산 분출을 수성(水性) 화산 활동이라고 해요.

초기에 제주도 화산 분출은 주로 수성 화산 활동이었어요. 화산자갈과 화산재가 바닷속에 쌓이면서 섬으로 만들어졌고, 육성 화산 활동으로 대부분의 용암이 40만 년 전에서 20만 년 전 사이에 뿜어져 나왔답니다. 그러는 동안 빙하기가 여러 번 찾아와 해수면이 오르내렸고, 마침내 약 2만 년 전에서 5000년 전 사이에 성산 일출봉이나 수월봉과 같은 수성 화산이 제주도 곳곳에 나타났지요. 그리고 약 2700년 전에 1950미터 높이의 한라산이 완성되었어요.

어서 와. 이런 곳은 처음이지?

해저 화산이 만든 제주도, 울릉도, 독도

우리나라의 섬인 제주도, 울릉도, 독도의 공통점은 무엇일까요?

정답은 해수면 위에 해저 화산의 분출물이 쌓여서 만들어진 화산섬이라는 거예요.

이 가운데에서 독도가 가장 먼저 탄생했답니다.

독도는 460만 년 전쯤 생겼고, 독도보다 덩치가 큰 울릉도는 약 250만 년 전에 생겼어요. 제주도는 약 180만 년 전에 생겼지요.

독도와 울릉도는 수심 2000미터나 되는 동해의 깊은 바닥에서 용암이 분출해 점점 쌓인 해저 화산의 꼭대기가 바닷물 밖으로 솟은 거예요. 반면에 제주도는 수심 100여 미터의 얕은 대륙붕에서 용암 분출이 일어나 만들어진 화산섬이랍니다.

독도

독도의 탄생 과정

지금으로부터 460만 년 전, 수심 2000미터의 동해 밑바닥 한곳에서 뜨거운 용암이 물속으로 분출하기 시작했어요. 용암은 조용히 흘러나와 차가운 바닷물에 닿는 순간 급격히 식어 깨지며 암석이 되었어요. 이 암석이 수백만 년에 걸쳐 꾸준히 쌓여 이루어진 해산(독도 해산)은 그 높이가 2000미터에 달했어요. 250만 년 전 독도 해산에서 해수면 위로 마그마가 폭발적으로 분출되며 커다란 화산이 생기기 시작했어요. 화산은 돌조각과 화산재를 분수처럼 뿜어내며 차례대로 주변에 쌓아 독도를 탄생시켰어요. 물 위에 솟은 독도는 대규모로, 또 소규모로 용암을 잇달아 분출한 뒤 화산 활동을 멈추었답니다.

울릉도

독도

독도는 우리땅!

제주도

깊은 바닷속에서 용암이 분출해 쌓인 해저 화산의 꼭대기인 울릉도

얕은 대륙붕에서 용암이 분출해 만들어진 화산섬인 제주도

제주도에서 발견되는 화산 지형

제주도는 섬 전체가 화산 활동으로 빚어진 하나의 작품이자 자연유산이랍니다. 세계에서 유일하게 유네스코가 인증한 자연과학 분야에서 3관왕을 차지한 섬이기도 해요. 2002년 생물권 보전 지역으로 지정되었고, 2007년 세계 자연 유산으로, 2010년 세계 지질 공원으로 선정되었어요.

혼자옵서예!

○ 수월봉

대포동 주상절리
화산 폭발 때 용암이 굳는 속도에 따라 다양한 다면체 돌기둥이 만들어진 지형이에요.

○ 산방산

○ 용머리 해안

○ 대포동 주상절리대

산방산
해안가에 있는 종상 화산으로, 해발고도 200미터 지점에 산방굴이라는 자연 석굴이 있어요.

만장굴
세계 자연유산으로 지정된 용암동굴로, 현재 확인된 길이만 약 7.4킬로미터예요.

용천동굴
당처물동굴
김녕굴
만장굴
성산 일출봉
벵뒤굴
거문오름
거문오름 용암동굴계

한라산

성산 일출봉
제주도의 수많은 분화구 가운데 유일하게 바닷속에서 5000년 전에 수성 화산 활동으로 만들어졌어요.

거문오름
만장굴을 만든 용암을 분출한 단성화산이에요.

천지연 폭포
정방 폭포
서귀포 패류 화석층

정방 폭포
우리나라에서 유일하게 물이 바다로 직접 떨어지는 해안 폭포로 유명해요.

제주도의 대표적 화산 지형인 단성화산

제주도에서 발견할 수 있는 대표적인 화산 지형은 바로 단성화산이에요. 큰 화산의 마그마가 땅 위로 솟아나올 때 옆쪽으로 삐져나와 생긴 작은 기생화산과는 달리, 경사가 매우 완만한 순상화산체에서 서로 다른 위치에서 마그마가 지표로 나와 만든 작은 화산체를 단성화산이라고 해요. 한라산 주변에 있는 단성화산은 360개가 넘어요. 제주에서 '오름', '봉', '악'이라는 명칭이 붙은 것은 모두 단성화산이랍니다.

용암이 만든 기기묘묘한 용암동굴

한라산 북동쪽에 있는 단성화산인 거문오름에서 여러 차례 뿜어져 나온 용암은 북동쪽으로 해안까지 흐르면서 20개가 넘는 용암동굴을 만들었답니다. 이 용암동굴들은 모두 구조가 특이하고 복잡할 뿐 아니라 아름다우며, 규모나 길이에서도 세계적인 수준으로 평가받고 있어요. 특히 7420미터에 이르는 만장굴을 포함해 전체 길이가 1만 3422미터로 세계 최대 규모의 동굴 중 하나라고 해요. 제주도 용암동굴은 지금까지 발견된 것만 해도 120개가 넘는답니다.

제주도에 이처럼 용암동굴이 발달한 이유는 무엇일까요?

그 이유는 제주도가 잘 흐르는 현무암질 용암으로 만들어진 섬이기 때문이에요. 화산 활동 때 뿜어져 나온 용암이 흐르다가 그 표면이 굳은 뒤에 내부 용암이 빠져나가고 남은 빈 공간이 용암동굴이에요.

용암동굴은 대부분 천장이 아치(무지개) 형태이고, 아기자기한 *석회동굴과 달리 웅장하고 내부 구조가 비교적 단순해요. 그러면서도 석회동굴처럼 천장이나 벽에 용암이 고드름처럼 맺힌 용암종유, 바닥에 용암이 떨어져 쌓인 용암석순이 나타나지요. 때로는 용암석순과 용암종유가 만나 용암기둥을 이루기도 한답니다.

*석회동굴: 지하수나 빗물이 석회암 지대를 지나며 스며들어, 석회암을 녹여 생긴 동굴.

해안에 절벽을 이룬 주상절리

제주도의 유명한 화산 지형으로 주상절리도 빼놓을 수 없어요.

특히 제주도의 주상절리는 해안에 절벽을 이루고 있는데, 천지연 폭포와 정방 폭포가 이런 지형에서 만들어진 폭포이지요. 주상절리는 용암이 땅 위로 흘러나온 뒤 굳을 때 수축하면서 여러 개의 돌기둥으로 쪼개져 생긴 지형이랍니다. 돌기둥은 단면이 육각형, 오각형 등으로 다양하고 용암이 천천히 식을수록 크기가 커지지요.

주상절리가 만들어지는 원리

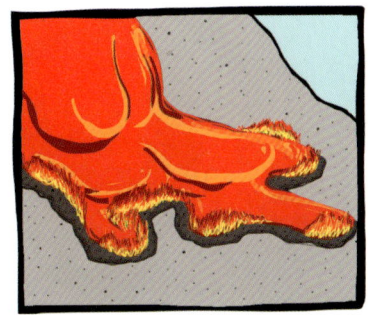

지표로 흘러나온 용암이 빠르게 식으면서 수직 균열이 생겨요.

균열 사이로 비와 눈이 들어가 얼고 녹기를 반복하면서 암석의 틈이 벌어져요.

위 과정이 반복되면서 풍화, 침식이 계속되면 바윗덩어리가 하나둘씩 떨어져나가요.

폭발하는 화산 정복하기

화산 폭발의 위력은 대단해요. 전설의 대륙으로 알려진
아틀란티스도 화산 폭발 때문에 사라졌다고 하고, 폼페이란 도시는
화산 폭발로 하룻밤 새에 멸망했을 정도예요.
이처럼 엄청난 힘을 가진 화산 폭발에 미리 대비하는 방법은 없을까요?
옛날에는 화산 폭발을 미리 알 수 없었지만, 오늘날에는 과학의 발달과
화산학자의 노력 덕분에 화산 폭발에 대비할 수 있게 되었답니다.

화산의 탄생부터 죽음까지, 파리쿠틴 화산

화산의 생성 과정을 보여 준 파리쿠틴 화산

세계에는 수많은 화산이 있지만, 그 가운데에서도 가장 특이한 화산으로 꼽히는 것은 파리쿠틴 화산이에요. 그 이유는 화산의 탄생부터 죽음까지, 화산의 생성 과정을 짧은 시간 안에 보여 주었기 때문이지요.

1943년 2월 20일 멕시코 중부의 옥수수 밭에서 한 농부가 갑자기 수증기가 뿜어져 나오는 현상을 발견했어요. 곧이어 여기저기 바닥이 갈라지더니 갈라진 틈에서부터 연기와 화산재가 솟아오르며 황 냄새도 피어났지요. 그러고는 잠시 뒤 뜨거운 용암이 공중으로 솟구쳤다고 해요. 파리쿠틴 화산이 탄생하는 순간이었답니다.

파리쿠틴 화산이 분출하기 시작한 지 3일 뒤부터는 과학자들이 찾아와 화산의 분출과 성장 과정을 생생하게 기록했어요. 분석이라고 하는 용암 덩어리들이 계속 뿜어져 나오며 화산 활동이 계속되었는데, 다음 날인 21일에는 화산의 높이가 9미터에서 46미터로 높아졌고 1년 뒤에는 336미터나 되었어요. 2년 만에 인근 마을 대부분이 화산재와 용암으로 뒤덮이고 말았고, 결국 분출하기 시작한 때로부터 9년 뒤인 1952년 2월 파리쿠틴 화산은 격렬하게 마지막 분출을 한 뒤 조용해졌답니다. 이때 분석구 화산의 높이는 424미터였어요. 산꼭대기의 해발고도는 2800미터가 되었지요.

화산을 연구하는 과학자들은 파리쿠틴 화산을 통해 화산의 탄생, 성장, 죽음까지 직접 관찰할 수 있는 소중한 기회를 얻었답니다.

화산 폭발의 세기는 어떻게 알 수 있어요?

화산 폭발의 위력은 화산에서 뿜어져 나오는 용암, *화성쇄설물, 화산 가스 등의 양과 높이로 가늠해요. 그리고 규모, 즉 세기는 '화산 폭발 지수'를 사용해서 나타내요.

*화성쇄설물: 화산이 분출할 때 나오는 고체 물질(화산재, 화산자갈, 화산암괴) 등을 이르는 말.

화산 분출량으로 알아보는 화산 폭발의 세기

1914년에 폭발한 일본 사쿠라지마 화산의 분출량은 2세제곱킬로미터라고 해요. 이는 가로와 세로가 1킬로미터인 커다란 운동장에 2킬로미터 높이로 쌓을 수 있는 엄청난 양이지요. 무게로 따지면, 10톤 트럭 3억 대에 나눠 담을 수 있는 양이에요.

그리고 1883년에 폭발한 인도네시아 크라카타우 화산의 분출량은 사쿠라지마 화산 분출량의 9배(18세제곱킬로미터)나 되고, 1815년에 폭발한 인도네시아 탐보라 화산의 분출량은 사쿠라지마 화산의 분출량의 80배(160세제곱킬로미터)나 된다고 해요.

무시무시한 폭발을 일으킨 인도네시아 탐보라 화산

특히 탐보라 화산의 폭발은 인류 역사가 기록된 이래 최대 규모에 속한다는 평가를 받아요. 탐보라 화산이 폭발했을 당시에 폭발 소리는 2600킬로미터 떨어져 있는 지역까지 들렸고, 화산재는 적어도 1300킬로미터

까지 날아갔다고 해요. 또 산꼭대기에서 600킬로미터 떨어진 곳까지는 이틀 동안 깜깜한 밤처럼 어두웠으며, 이 폭발 때문에 인도네시아 섬들은 4미터 높이의 해일에 공격을 받았다고 해요.

이 폭발로 죽거나 다친 사람의 수도 많았어요. 죽은 사람의 수만 해도 1만 명 이상으로 추정되지요. 탐보라 화산의 폭발 위력은 1945년 히로시마 원자폭탄 위력의 약 4만 배에 이른답니다. 탐보라 화산의 높이는 폭발 전에는 약 4300미터였지만 폭발 후에 2851미터로 낮아졌다고 해요.

화산 폭발 위력을 알려 주는 '화산 폭발 지수'

화산 폭발 지수는 화산 분출물의 양, 분출물이 솟아오른 높이 등을 종합해서 1에서 8까지로 정해요. 숫자가 1씩 증가할수록 화산 폭발의 위력은 10배씩 더 강해지지요. 예를 들어 1815년 인도네시아 탐보라 화산의 폭발은 화산 폭발 지수 7에 해당된답니다. 일부 지질학자들은 약 1000년 전에 있었던 백두산 폭발도 화산 폭발 지수가 7 정도였을 거라고 추정해요.

화산 폭발 지수	분출물 양	분출 기둥 높이	빈도수	사례
1	1만 세제곱미터 이상	100~1000미터	매일	스트롬볼리식 분화 (용암 분출과 약한 폭발이 잇따르는 분화)
2	100만 세제곱미터 이상	1~5킬로미터	주마다	1993년 콜롬비아 갈레라스 화산 폭발
3	1000만 세제곱미터 이상	3~15킬로미터	몇 개월마다	2000년 아이슬란드 헤클라 산 폭발
4	0.1세제곱킬로미터 이상	10~25킬로미터	1년 이상	2011년 아이슬란드 그림스뵈튼 화산 폭발
5	1세제곱킬로미터 이상	25킬로미터 이상	10년 이상	1980년 미국 세인트헬렌스 산 폭발
6	10세제곱킬로미터 이상	25킬로미터 이상	100년 이상	1991년 필리핀 피나투보 화산 폭발
7	100세제곱킬로미터 이상	25킬로미터 이상	1000년 이상	1815년 인도네시아 탐보라 화산 폭발 1000년 전 우리나라 백두산 폭발
8	1000세제곱킬로미터 이상	25킬로미터 이상	1만 년 이상	7만 4000년 전 인도네시아 토바 화산 폭발

슈퍼 화산

화산 폭발 지수가 최고 등급인 8을 기록한 화산을 '슈퍼 화산'이라고 해요. 1815년 탐보라 화산 폭발보다 10배가량 더 강력한 폭발을 일으킨 화산이지요. 약 7만 4000년 전 인도네시아 수마트라 섬에서 폭발했던 토바 화산이 슈퍼 화산의 대표적인 예랍니다.

토바 화산은 아마도 그때까지 사람이 들었을 가장 큰 폭발 소리를 내며 2800세제곱킬로미터라는 엄청난 양의 분출물을 쏟아 냈어요. 화산재가 2500킬로미터 떨어진 인도양까지 날아가 바다 밑에 35센티미터 깊이로 쌓였고, 먼지가 해를 가려서 지구 기온이 그 뒤부터 몇 년 동안 5℃ 정

▼토바 호

> 토바 호는 토바 화산이 폭발했던 자리에 생긴 칼데라 호야. 깊이는 500미터가 넘고, 크기는 제주도와 맞먹는단다.

인공위성으로 찍은 토바 호

도 떨어졌어요. 이 때문에 많은 생물이 멸종했고, 인류도 60%가 죽어서 멸종하기 직전에 몰렸다고 주장하는 학자가 있을 정도랍니다. 현재 토바 화산이 폭발했던 곳에는 면적이 1000제곱킬로미터가 넘는 커다란 호수(토바 호)가 자리하고 있어요.

뭉크의 '절규'는 화산재 때문

노르웨이 화가 에드바르 뭉크가 1893년에 그린 '절규'라는 그림을 보면, 배경 하늘이 온통 핏빛처럼 붉어요. 1883년 인도네시아의 크라카타우 화산이 대폭발을 일으켰을 때 많은 양의 화산재가 뿜어져 나왔어요. 이 화산재는 지구 대기에 퍼져 한동안 해질 무렵 서쪽 하늘을 붉게 물들였지요. 미국의 과학자들은 이 모습을 인상 깊게 본 뭉크가 10년 뒤 이를 그림으로 그린 것이 '절규'라고 주장해요.

화산이 폭발할 때 나오는 분출물은 위험한가요?

화산이 폭발하면 산정상이나 산비탈이 무너져 산사태가 일어나고 땅이 갈라져 무척 위험해요. 그런데 이것만큼 위험한 것이 또 있어요. 바로 화산 활동으로 생기는 용암, 화산재 등의 화산 분출물이지요.

화산 분출물은 마을이나 숲을 뒤덮어 불을 일으키며 사람들을 위험하게 만들어요.

화산재, 암석 조각, 화산 가스 등이 용암이나 물에 휩쓸려 흘러갈 때가

화성쇄설류는 엄청 빨리 흘러서 사람이 아무리 빨리 뛰어도 피할 수 없어.

앗, 뜨거워

더욱 위험하답니다. 1000℃ 이상의 뜨거운 용암이 화산의 산허리에서 폭발하여 화산재, 가스, 암석 등과 뒤섞여 흐르는 현상을 '화성쇄설류'라고 해요. 화성쇄설류는 1초에 약 190미터까지 이동할 정도로 빠르기 때문에 사람들은 거의 피할 수 없어요.

또 화산재나 화산 암석 조각이 흐르는 물에 쓸려 가기도 하는데, 이것을 '화산이류'라고 하지요. 화산 지역에서는 비가 조금만 내리더라도 화산이류가 생길 수 있어요. 보통 화산이류는 초속 28미터에 이르는 빠른 속도로 수백 킬로미터까지 이동한다고 해요.

사실 화산이 언제 폭발할지 예측하기는 쉽지 않아요. 그래서 폭발 위험성이 있는 화산에 대비해 그 피해를 줄이는 것이 가장 좋은 방법이랍니다. 일단 화산이 폭발한다면 얼마만큼의 화산재가 어느 방향으로 어디까지 퍼질지 계산해야 하고, 사람들을 어디로 대피시킬지, 항공기 운항을 중단시킬지, 화산재에 오염되지 않도록 물을 어떻게 관리할지 등을 종합적으로 판단해야 하지요.

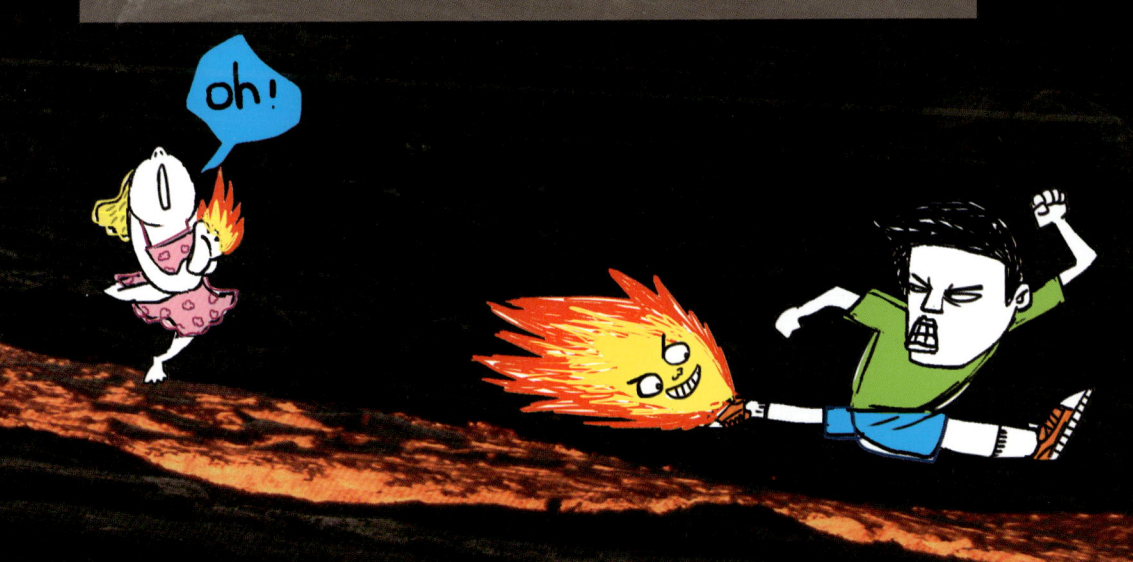

화산재가 기후에 영향을 미친다고요?

화산 폭발 때 나온 화산재는 하늘로 올라가 전 세계로 퍼지기도 해요. 그러면 한동안 햇빛을 가려 지구 전체의 기후에 영향을 미치지요.

예를 들어 1816년은 지구 전체가 지독히 추워 '여름이 없던 해'로 유명해요. 그 이유는 1년여 전인 1815년 4월 인도네시아 숨바와 섬에서 탐보라 화산이 대규모로 폭발해 수억 톤의 화산재를 뿜어냈기 때문이에요. 이 화산재는 공중으로 솟구쳐 오르면서 하늘을 뿌옇게 뒤덮어 햇빛을 막아 버렸어요. 그리고 지구 전체를 뒤덮어 이듬해 여름 유럽에 눈과 서리가 내리는 이상 기후를 일으켰어요. 극심한 추위 때문에 농작물도 큰 피해를 입었지요.

또 다른 사례도 있어요.

1883년에는 인도네시아 자바 섬 서쪽의 크라카타우 섬에서 화산이 대폭발을 일으켜 시커먼 연기와 함께 엄청난 양의 화산재를 뿜어냈어요. 이 화산재는 50킬로미터의 공중으로 솟구친 뒤 지구 전체를 감싸, 지구 기온을 0.5℃나 떨어뜨렸어요. 기후가 정상으로 돌아오기까지는 5년이 걸렸다고 해요.

최근에도 이와 비슷한 사례가 있었어요.

1991년 필리핀에서 피나투보 화산이 20세기에 들어서 두 번째 큰 규모로 폭발했어요. 이 폭발로 100억 톤의 마그마가 분출되었고, 화산재는 8500킬로미터나 떨어진 아프리카 동부 해안까지 퍼졌지요. 당시 하늘

위에 머물면서 햇빛을 가린 화산재 때문에 이듬해 6월까지 지구 기온이 0.5℃ 떨어졌다고 해요. 이때 이후로 화산 폭발 때문에 지구의 기온이 떨어지는 효과를 '피나투보 효과'라고 한답니다.

화산재를 이용한 섬도 있어요

1973년 1월 아이슬란드 남부 헤이마에이 섬에서 화산이 폭발해 섬의 일부가 용암과 화산재로 뒤덮였어요. 화산 활동이 2달간 지속되면서 집 300채가 불탔으며 60여 채가 화산재에 파묻혔지요. 주민들은 과학자들과 함께 흘러내리는 용암에 바닷물을 부어 속도를 늦추려고 노력했고 4달간의 싸움 끝에 용암은 섬의 항구 100여 미터 앞까지 흐른 뒤에 멈추었답니다.
그런데 이 폭발로 섬에는 높이 200여 미터의 산이 솟았고, 해안에는 용암으로 만들어진 자연 방파제가 생겨 섬이 더 넓어졌어요. 이때 치운 화산재의 양만 100만 세제곱미터를 넘었는데, 이 가운데에 일부는 섬의 활주로 공사에도 사용되었답니다.

화산재 때문에 일어난 유럽의 항공 대란

2010년 4월 유럽에서는 10만여 편의 항공기가 운항에 차질을 빚고 승객 800만 명의 발이 묶이는 극심한 항공 대란이 벌어졌어요. 무엇 때문이었을까요? 바로 화산재 때문이었답니다. 그해 3월 20일 아이슬란드 에이야프얄라요쿨 화산이 189년 만에 폭발했어요. 이때 뿜어져 나온 엄청난 양의 화산재가 대기 중으로 널리 퍼지는 바람에 항공기가 다닐 수 없게 된 거예요.

화산재는 항공기의 계기에 쌓이거나 몸체에 달라붙어 문제를 일으킬 위험이 커요. 혹시라도 조종석 창에 붙어 앞을 가리거나, 비행기 내부로 들어가 센서가 제대로 작동하지 않게 된다면 정말 큰일 나겠지요.

특히 화산재에 들어 있는 유리 입자가 높은 온도의 엔진에 들어가 녹으면 무척 위험해요. 심하면 엔진이 멈추는 사고가 생기거든요. 실제로 1982년 6월 인도네시아 상공을 날던 영국 항공기의 엔진 4기에 화산재가 들어가 모두 멈춘 일이 있었어요. 하지만 다행히 겨우 엔진을 되살려 긴급히 착륙하는 데 성공했지요.

미국에서는 항공기의 안전을 위해 화산 활동을 네 단계로 나누고, 이를 색으로 구분하는 기준을 마련했어요. 화산 활동이 잠잠한 상태는 '초록색', 화산 활동의 위험이 있는 상태는 '노란색', 화산 활동의 위험이 높아진 상태는 '오렌지색', 화산 활동이 곧 일어날 것 같거나 일어나고 있는 상태는 '빨간색'으로 나타낸답니다.

아이슬란드의 에이야프얄라요쿨 화산에서 뿜어져 나오는 화산재

3장 폭발하는 화산 정복하기 · 63

화산 폭발 때문에 나라가 멸망했다고요?
전설의 대륙, 아틀란티스의 멸망

플라톤

화산 폭발 때문에 한 나라가 멸망했다면 믿어지나요?

전설의 대륙으로 불리는 '아틀란티스'는 화산 재해 때문에 멸망했다고 해요. 아틀란티스는 전설로만 전해져 내려오는 나라로, 실제로 있었는지는 정확히 확인되지 않고 있지요.

아틀란티스에 대한 기록을 남긴 사람은 그리스의 철학자 플라톤이었어요. 플라톤이 남긴 두 편의 대화록에는 다음과 같은 내용이 나와요.

"……격렬한 지진과 해일이 있었다. 끔찍한 낮과 밤이 왔고…… 아틀란티스는 바다 아래로 사라졌다……."

그에 따르면 아틀란티스는 9000년 전 번성했던 전설의 섬나라라고 해요. 인류가 최초로 문명을 일으킨 곳으로 많은 인구를 거느리고 있었으며, 이들이 전 세계로 퍼져 문명이 전해졌다고 해요.

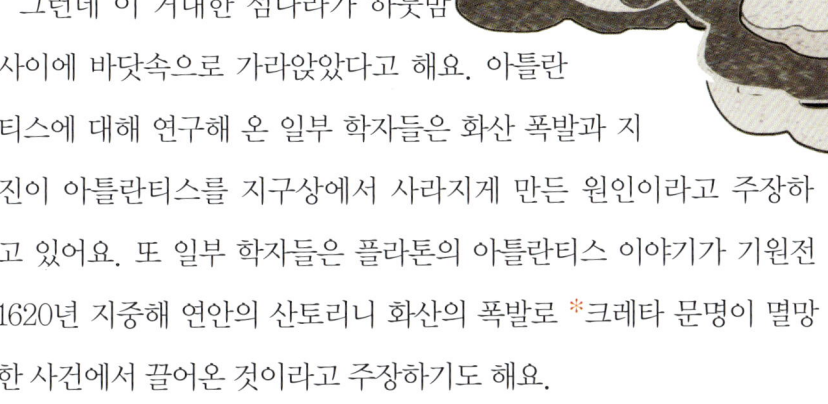

그런데 이 거대한 섬나라가 하룻밤 사이에 바닷속으로 가라앉았다고 해요. 아틀란티스에 대해 연구해 온 일부 학자들은 화산 폭발과 지진이 아틀란티스를 지구상에서 사라지게 만든 원인이라고 주장하고 있어요. 또 일부 학자들은 플라톤의 아틀란티스 이야기가 기원전 1620년 지중해 연안의 산토리니 화산의 폭발로 *크레타 문명이 멸망한 사건에서 끌어온 것이라고 주장하기도 해요.

만약 아틀란티스가 실제로 있었다면 어디쯤에 있었을까요?

대부분의 사람이 대서양에 있었을 거라고 말해요. 워낙 많은 사람이 궁금해하다 보니, 아틀란티스의 위치에 대한 책만 5000여 권이나 나왔을 정도랍니다.

*크레타 문명: 기원전 2000년경 동부 지중해의 크레타 섬을 중심으로 발달한 청동기 문명.

크레타 문명의 중심지였던 크노소스 궁전 터

플라톤이 혹시 크레타 문명의 멸망을 아틀란티스의 멸망으로 빗대어 말한 것은 아닐까?

화산 폭발로 도시가 없어졌다고요?
폼페이의 최후

화산 폭발로 멸망한 도시도 있어요. 가장 잘 알려진 화산 재해 가운데 하나인 79년 8월 이탈리아 베수비오 화산 폭발 때 멸망한 도시 '폼페이'가 그 주인공이지요. 이 폭발 때문에 이탈리아 남부의 고대 도시 폼페이는 순식간에 폐허가 되었답니다.

베수비오 화산이 대폭발하며 내뿜은 화산재와 화산 암석 조각은 폼페이 전체 시가지를 2~3미터의 두께로 뒤덮어 버렸어요. 이 때문에 한창 발전하던 도시 폼페이의 문화가 사라지게 된 것은 물론, 많은 집이 무너지고 2000여 명의 주민이 죽었지요.

15세기까지 폼페이의 존재는 잊혀진 채 과거 로마의 휴양 도시이자 농

업과 상업의 중심 도시였다는 기록만 문헌에 남아 있었어요. 그런데 1599년 그 지역에서 수로 공사를 진행하던 도중에 우연히 유적이 발견되었지요. 폼페이 유적은 1748년부터 본격적으로 발굴되기 시작해 현재까지 옛 시가의 3분의 2가 드러났어요. 지금까지 폼페이 유적지 입구인 마리나 문, 아폴로 신전, 광장, 목욕탕, 원형 극장 등이 발굴되었답니다.

 벽화와 회화를 포함한 초기 발굴품은 대부분 나폴리 박물관으로 옮겨졌어요. 지금은 될 수 있으면 현지에서 복원한다는 원칙 아래 발굴이 진행되고 있답니다.

 전성기에 갑자기 멸망했기 때문에 폼페이가 남긴 많은 유품을 보면 당시 로마의 생활 모습을 잘 알 수 있어요.

화산재가 덮칠 당시의 모습 그대로 남아 있는 폼페이 유적

화산 폭발이 나쁘기만 한 건 아니라고요?

화산 폭발이라고 하면 대개 끔찍한 피해만을 생각하는데, 이로운 점도 있답니다. 예를 들어 화산재는 집과 농경지를 뒤덮어 많은 피해를 입히기도 하지만, 여러 가지 광물질을 포함하고 있어 땅을 비옥하게 만들어 주기도 해요. 이 광물질이 땅의 영양분으로 작용하기 때문이지요. 그래서 화산 지역에 사는 이탈리아의 농민들은 무기질이 많은 땅에 올리브, 오렌지, 포도 등을 재배해 왔어요.

또한, 화산 활동이 활발한 곳 주변에는 땅속에서 온천이 솟아나 많은 관광객들이 찾아오지요. 일본은 온천으로 유명한 나라인데, 그중에서도 벳푸는 수백 개의 온천탕이 있는 유명한 온천 도시예요. 주변의 두 화산에서 흘러나오는 온천은 유황 냄새와 수증기, 진흙 등이 뒤섞여 '지옥 온천'이라고 불리지요. 이렇게 기이한 모습 덕분에 매년 1000만 명이 넘는 관광객이 벳푸를 방문해요.

▼일본의 벳푸 온천

사람들은 아주 옛날부터 온천을 이용해 왔어요. 유럽에서는 중세 시대부터 가정에서 온수로 쓰거나 난방을 하는 데 온천을 사용했지요. 우리나라의 경우 신라 시대에 온천에서 목욕했다는 기록이 있어요.

화산의 나라 아이슬란드에서는 온천에서 나오는 열을 이용해 온실에서 채소와 화초 등을 기르고, 온천물로 많은 집의 난방을 한답니다. 이 밖에 열대어를 기르거나 해초나 목재를 말리는 데 쓰기도 하고, 얼굴을 닦는 화장품 또는 마시는 물로도 이용하지요.

화산 주변의 온천이나 땅에서 나오는 열은 전기를 만드는 데에도 쓰여요. 이것을 지열 발전이라고 하지요.

이탈리아가 1904년 세계 최초로 지열 발전에 성공한 이후 미국, 필리핀, 인도네시아, 멕시코 등이 지열 발전소를 적극적으로 설치해 왔어요. 2010년 기준으로 전 세계 24개국에서 1만 *메가와트 이상의 지열 발전 시설을 가동해 6만 *기가와트시(GWh) 이상의 전기를 생산하고 있다고 해요.

또 화산과 관계있는 세계적인 관광지로 일본 온천 외에 미국 옐로스톤 국립 공원의 간헐천을 들 수 있어요. 옐로스톤 국립 공원에서는 땅속에 있던 뜨거운 물이 1시간 정도마다 40미터 높이로 2~5분간 솟구치는데, 이 물줄기를 구경하러 오는 관광객이 많아요.

*메가와트: 전력의 단위예요. 1초 동안 소비하는 전력 에너지를 와트라고 해요. 1메가와트는 1와트의 100만 배예요.
*기가와트시: 전력량의 단위예요. 1와트시는 1와트의 전력을 1시간 동안 공급한 에너지예요. 1기가와트시는 1와트시의 10억 배예요.

미국 옐로스톤 국립 공원의 간헐천

앞으로 10년 동안 지켜보아야 할 세계 화산

전 세계에는 지금도 활발하게 활동하고 있는 화산이 많아요. 그 가운데에서도 특히 16개의 화산이 '10년간 지켜보아야 할 화산'으로 꼽히고 있답니다. 이 화산들은 사람이 많이 사는 지역에 있으며, 최근에 화산재가

이탈리아 나폴리 베수비오 산 (높이 1281미터)
79년에 폭발해 로마제국의 폼페이와 헤르쿨라네움을 파괴시켰고, 이후 40여 회 분화했어요.

일본 가고시마 현 사쿠라지마 산 (높이 1117미터)
1914년 대분화 때 많은 사람이 죽었고, 2013년 분화 때에는 연기가 5킬로미터 높이까지 치솟았어요.

이탈리아 시칠리아 섬 에트나 화산 (높이 3323미터)
지중해 화산대의 대표적인 활화산으로, 유럽의 화산 가운데 가장 높아요.

콩고 니라공고 산 (높이 3414미터)
1884년 이래 수십 번 분화했는데, 대규모로 폭발할 경우 아프리카 대륙의 5분의 2가 영향을 받을 거라고 해요.

※출처: 유엔 산하 '국제 자연재난감소를 위한 10년 계획' 프로젝트에 따라 '국제 화산학 및 지구내부 화학 협회'에서 선정

분출되거나 용암이 흘러나오는 것 같은 화산 활동을 1회 이상 보인 화산을 기준으로 선정되었어요. 과학자들은 이 화산들을 연구하며 화산 활동을 더 잘 이해하고, 화산 활동의 위험성을 사람들에게 알리려고 노력하고 있답니다.

멕시코 콜리마 화산(높이 4330미터)
콜리마 시에서 북서쪽으로 40킬로미터 떨어져 있고, 1576년 이래 40회 이상 분화했어요.

미국 하와이 섬 마우나로아 화산(높이 4169미터)
부피와 면적으로 따지면 세계에서 가장 큰 화산으로, 1832년 이래 32회 분화했어요.

과테말라 산타마리아 화산 (높이 3772미터)
1902년 대규모 폭발 때 5000여 명이 죽고, 화산재가 4000킬로미터 떨어진 미국 샌프란시스코까지 날아갔어요.

소리로 화산 폭발을 감시한다고요?

화산 연구는 아주 오래전부터 시작되었어요. 기원전 5세기 고대 그리스의 철학자 엠페도클레스가 지중해의 한 섬에서 불을 뿜는 에트나 화산을 관찰했다는 기록이 남아 있을 정도이지요.

화산에 관한 학문인 화산학이 근대 과학으로 연구되기 시작한 것은 18세기 후반에 들어오면서부터예요. 화산학은 화산의 구조와 분출 양식, 화산암을 포함한 화산 분출물 등 화산 현상을 연구하는 지질학의 한 분야이지요. 20세기에 들어서면서부터는 화산 연구에 인공위성, 로봇 등을 이용하고 있어요.

화산학자들은 화산 지역을 돌아다니며 조사하는데, 요즘은 뜨거운 가스가 나오는 분화구 탐사처럼 위험한 일을 대신 하는 로봇이 있답니다. 화산 탐사 로봇 '단테'가 대표적이에요. '단테Ⅰ'은 남극의 에레부스 화산을 탐사하다가 뜨거운 열을 견디지 못하고 분화구로 떨어져 최후를 맞기도 했어요. 그래서 미국 항공우주국(NASA)은 높은 열에 견딜 수 있는 '단테Ⅱ'를 개발했지요. 단테Ⅱ는 미국 알래스카의 스푸르 화산을 오르며 탐사에 성공했어요.

> 단테Ⅱ는 미국 알래스카의 스푸르 화산을 탐사하는 데 성공했어.

　또 인공위성으로 화산의 온도 변화를 감시하기도 하고 화산에서 나온 화산재, 이산화황이 공기 중에서 어떻게 이동하는지 살피기도 해요.

　최근에는 소리를 이용해 화산을 연구하기도 하지요. 화산이 분출할 때 공기 중에서 부딪쳐 발생하는 음파를 이용하는 거예요. 우리나라도 백두산의 화산 활동을 소리로 감지하기 위해 2011년과 2012년에 강원도에 음파 관측소를 설치했어요. 만약 백두산이 폭발할 경우 그 소리는 초속 340미터로 퍼지는데, 이 소리를 강원도 음파 관측소에서 감지할 수 있답니다.

화산 폭발에 어떻게 대비해야 할까요?

화산이 폭발하면 땅속의 마그마가 뜨거운 용암으로 뿜어져 나와 주변 마을이 파괴되는 것은 물론이고, 화산재가 하늘 높이 날리면서 심한 경우 항공기 운항을 막기도 하지요. 이런 자연재해를 일으키는 화산 폭발에 미리 대비할 수 있는 방법은 없을까요?

옛날에는 화산이 언제 폭발할지 알 수 없었어요. 그래서 화산이 폭발하면 그에 대처하는 데 온 힘을 쏟았지요. 하지만 오늘날에는 첨단 과학 덕분에 화산 폭발을 예측하고, 이에 미리 대비할 수 있답니다.

화산 폭발에 앞서 나타나는 조짐에는 어떤 것들이 있을까요? 바로 지진 활동, 가스 분출, 땅의 변형 등을 들 수 있답니다.

먼저 화산 지역에서 일어나는 지진은 화산 폭발의 조짐이라고 할 수 있어요. 땅속에 있는 마그마가 이동하고 있다는 뜻이니까요. 마그마가 화산의 경사면으로 가까이 다가올 때 마그마의 움직임 때문에 약한 지진이 발생한답니다.

화산 근처에서 발생하는 가스가 늘어나는 현상도 화산 폭발의 또 다른 조짐이에요. 아황산가스가 많아지면 마그마가 지표 근처에 모이기 시작했다는 뜻이에요. 예를 들어 1991년 6월에 폭발한 필리핀 피나투보 화산의 경우 폭발 전인 5월 13일에 아황산가스가 500톤 방출됐는데, 2주 뒤에는

아황산가스의 방출량이 10배인 5000톤으로 증가했어요. 피나투보 화산은 그 얼마 뒤인 6월 15일에 폭발했지요.

또 땅의 변형도 화산 폭발의 조짐으로 볼 수 있어요. 화산의 정상과 경사면의 작은 변화를 측정하면 마그마가 화산 아래에서 올라오고 있는지 어떤지 알 수 있답니다. 1980년 미국 세인트헬렌스 화산의 경우 표면이 솟아오른 현상이 감지된 지 2달 뒤에 폭발했어요. 요즘은 지구 주위를 도는 인공위성으로 화산 주변 지형에 변화가 생기는지 조사하기도 해요.

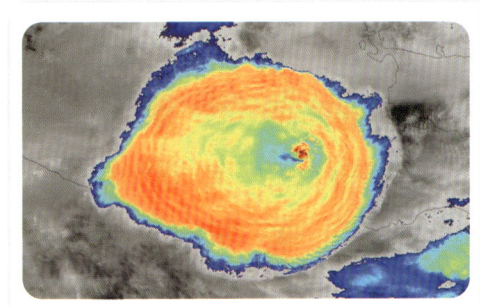
인공위성에서 화산 주변 온도를 찍은 사진

이 밖에 화산 일대의 암석을 잘라내서 그 안에 있는 마그마의 성분이 어떻게 변화하는지 분석하면 화산 폭발을 예측하는 데 도움이 되지요.

한편 화산 폭발을 미리 예측해 안전지대로 대피할 수도 있지만, 화산이 폭발했을 때 장벽을 쌓거나 용암의 흐름을 바꾸는 식의 적극적인 대처도 할 수 있지요. 1983년 이탈리아 에트나 화산이 폭발했을 때 사람들은 거대한 장벽을 만들어 용암이 건물 밀집 지역으로 흘러가지 않게 했어요. 또 1973년 1월 아이슬란드 헤이마에이 섬에서는 갑자기 높이 200미터나 되는 화산이 솟아올랐는데, 이때 사람들은 흐르는 용암을 막기 위해 호스로 차가운 바닷물을 끌어와 용암에 뿌렸어요. 비록 몇 주가 걸렸지만 용암으로부터 마을을 구할 수 있었답니다.

불 속에 뛰어드는 과학자, 화산학자

화산 근처에 있는 관측소를 탐험 기지로 삼고 화산에 대해 연구하는 사람들을 화산학자라고 해요. 화산학자는 여러 해 동안 화산을 관찰하고 연구하면서 화산이 언제 어떻게 분화할지 알아내기 위해 애쓰지요.

대부분 실험실에서 자료를 분석하며 연구하지만, 활동 중인 화산으로 직접 조사를 떠나기도 하지요. 현장에서 화산재, 용암과 가스를 채취하고 흐르는 용암류의 온도를 재며 지형 변화를 관찰해요. 또 화산이 폭발하기 전에 나는 소리나 부풀어 오르는 산꼭대기의 모습을 관찰해서 사람들에게 화산 발생 예보를 한답니다.

용암을 채취하는 화산학자

　화산학자는 때로는 생명의 위험을 무릅써야 해요. 예를 들어 프랑스의 화산학자 모리스와 카티아 크라프트 부부는 25년간 화산 분출 현장을 150여 차례나 관찰하며 연구하다가 1991년 일본의 운젠산 분화 때 함께 죽었답니다. 하지만 그들의 죽음은 헛되지 않았어요. 언제 시작될지 모를 화산 분출을 예측해 수많은 생명을 살리는 데 밑거름이 되는 연구를 했기 때문이지요.

　우리나라에도 화산을 연구하는 곳이 있어요. 바로 한국지질자원연구원이에요. 이곳에서는 화산학 분야를 지질학 분야의 일부로서 다루고 있어요. 또 제주화산연구소에서도 국제학술 심포지엄을 개최하며 활발하게 화산을 연구하고 있답니다. 외국에서는 미국지질조사소(USGS), 국제화산학회(IAVCEI), 세계화산관측소조직(WOVO) 등에서 화산 연구를 진행하고 있지요.

한국지질자원연구원 홈페이지

　사실 화산과 지진은 떼려야 뗄 수 없는 관계예요. 화산이 폭발할 때 지진이 일어나는 경우도 많기 때문이에요. 그러므로 화산이나 지진을 연구하고 싶은 학생이라면 대학에서 지질학 관련 학문을 전공하는 게 좋답니다.

4장 흔들리는 지진을 잡아라!

신문이나 텔레비전 뉴스에서 큰 지진이 일어나 많은 사람이 다치고
죽었다는 소식을 볼 때가 종종 있어요.
지진이 나면 땅이 흔들리고 도로가 쩍쩍 갈라지며 건물이 무너지지요.
이 과정에서 재산 피해는 물론이고 죽거나 다치는 사람도 많이 생겨요.
지진이 왜 일어나는지, 진앙이 뭐고 진원이 뭔지, 지진의 이모저모에 대해
알아보기로 해요.

지진은 왜 일어나요?

옛날 사람들은 지진이 발생하는 원인을 다양하게 생각했어요.

기원전 500년부터 서기 1400년까지 많은 학자들은 지구 구멍 속에 있는 공기(증기) 탓에 지진이 발생한다고 생각했어요. 땅과 물 사이의 긴장 때문에 지진이 일어난다고 믿는 사람들도 있었어요. 지진을 '땅속의 천둥'이라고 부르기도 했어요.

지진은 왜 일어날까요?

지진은 어떤 원인에 의해 땅이 갈라지며 흔들리는 현상이지요. 특히 *지층이 휘어지거나 끊어질 때 일어나요.

소시지의 양쪽 끝을 잡고 구부리는 상황을 상상해 보세요. 살짝 구부리면 탄력이 있어 잘 휘지요. 하지만 계속 구부리면 결국 부러지고 휘었던 부분은 원래대로 돌아가지요. 이때 손에 작은 떨림을 느낄 수 있어요. 이

와 같이 지층이 힘을 많이 받으면 끊어지면서 땅이 흔들리고 지진이 발생해요.

이 밖에 큰 산이 만들어질 때, 화산이 분출할 때, 땅이 꺼질 때, 폭발물이 터질 때처럼 여러 원인에 의해서 지진이 일어나지요.

*지층: 암석이 층을 이루며 쌓여 있는 것.

지진으로 갈라진 도로

신화 속 지진

그리스 신화에서 지진을 일으키고 주관하는 신은 바다의 신인 포세이돈이에요. 포세이돈은 기분이 나빠지거나 사람들을 벌주려고 할 때 삼지창을 땅에 꽂아 지진을 일으켰다고 해요. 한편 일본 신화에 따르면 나마주라는 큰 메기가 요동칠 때 지진이 발생한다고 해요. 고대 인도에서는 코끼리 여러 마리가 땅을 떠받치고 있는데, 그 가운데 한 마리가 가끔 지쳐서 머리를 숙이면 지진이 일어난다고 믿었답니다.

진원은 뭐고 진앙은 뭐예요?

지진은 땅속에서 일어나요. 지진이 처음 일어난 땅속의 위치를 '진원'이라고 해요. 진원에서 수직으로 위로 올라가 지표면과 만나는 위치를 '진앙'이라고 하지요. 진앙은 진원에서 가장 가까운 지표면이기 때문에 피해가 가장 크답니다.

지진이 얼마나 깊은 곳에서 일어났는지는 진원 깊이로 알 수 있어요. 진원 깊이는 진원에서 진앙까지의 거리로 구할 수 있지요. 지진은 진원 깊이에 따라 천발지진, 중발지진, 심발지진으로 나눌 수 있답니다. 천발지진은 지하 70킬로미터 미만 깊이에서 일어나는 지진을 말해요. 그리고 중발지진은 깊이 70~300킬로미터 사이에서, 심발지진은 깊이 300킬로미터 이상(최대 700킬로미터)에서 일어나는 지진을 말하지요.

진원에서 가장 가까운 지표면인 진앙은 지진의 피해가 가장 큰 지역이에요.

천발지진과 심발지진 가운데 어떤 지진이 피해를 크게 입힐까요?

당연히 지표면 가까운 곳에서 일어나는 천발지진이 가장 큰 피해를 입힌답니다. 심발지진이나 중발지진은 지하 깊은 곳에서 일어나요. 그래서 땅 위(진앙)까지 오면서 에너지가 많이 줄어들지요. 반면에 천발지진은 에너지가 진앙에 거의 그대로 전달되어서 피해가 커요.

심발지진이 일어나는 곳은 대개 해구가 있는 태평양 주위에 몰려 있어요. 남아메리카 서해안, 러시아 캄차카 반도, 일본 열도, 피지 제도, 통가 제도 등으로 한정되어 있지요. 반면에 천발지진이 일어나는 곳은 지구상에 넓게 분포한답니다.

그럼, 지진파는 뭐예요?

지진이 나면 땅이 흔들리면서 그 진동이 사방으로 퍼져 나가지요. 마치 잔잔한 강이나 호수에 돌을 던지면 물결이 사방으로 퍼져 나가는 것처럼요. 땅속에서 지진이 일어났을 때, 암석을 통해 퍼져 나가는 진동의 움직임을 '지진파'라고 해요.

지진파는 크게 '실체파'와 '표면파'로 나뉘어요.

실체파는 땅속 깊은 곳에서 암석을 통해 퍼져 나가는 지진파이고, 표면파는 지표면을 따라 퍼져 나가는 지진파랍니다.

실체파는 진행 모양과 상태에 따라 다시 *P파와 S파로 나뉘지요.

P파는 고체, 액체, 기체 상태의 물질을 모두 통과할 수 있는 반면, S파는 고체 상태의 물질만 통과할 수 있어요.

P파가 S파보다 빨라요. 보통 P파는 1초에 7~8킬로미터를 퍼져 나가고, S파는 1초에 3~4킬로미터를 퍼져 나가지요.

따라서 관측소의 지진 기록계에는 먼저 P파가 기록되고, P파가 도달한 뒤에 S파가 도달해요. 이처럼 P파와 S파가 도달하는 시간의 차이를 'PS시'라고 해요.

지진 관측소에서는 PS시를 알아내 처음 지진이 일어난 곳, 즉 진원까지의 거리를 파악해요. 진원으로부터 관측소까지의 거리가 멀수록 PS시는 더 커진답니다.

또 P파의 진행 방향은 파가 통과하는 물질(매질)이 움직이는 방향과 같고, S파의 진행 방향은 파가 통과하는 물질이 움직이는 방향과 수직이에요. 즉, P파는 앞뒤로 진동하며 움직이는 반면에 S파는 위아래로 출렁이며 움직여요. 그래서 S파는 P파에 비해 큰 진동을 일으키며 큰 피해를 입힌답니다.

대개 지진파라고 하면 P파와 S파를 말하지만, 사실 지진파 가운데에서 가장 큰 피해를 입히는 것은 표면파랍니다.

표면파는 지진파 가운데에서 가장 느리며, P파와 S파가 멀리까지 이동하는 데 비해 진원에서 가까운 곳에만 피해를 주고 빠르게 사라진답니다.

※ P파와 S파: 지진이 일어났을 때 관측소에 가장 먼저 도착하는 지진파를 영어 단어 Primary의 첫 글자를 따서 P파라고 불러요. 두 번째로 도착하는 지진파는 영어 단어 Secondary의 첫 글자를 따서 S파라고 불러요.

지진파를 기록하는 지진계

지진계는 지진파를 기록해 지진의 세기와 방향을 측정하는 장치예요. 지진이 발생하면 땅이 흔들리고 땅에 고정되어 있는 지진계도 흔들려요. 하지만 공중에 매달린 추는 움직이지 않고, 땅과 연결되어 있는 종이 기록 장치만 움직여서 지진파를 종이에 기록해요.

지진계는 한 방향만 기록할 수 있어 동서, 남북, 상하 방향으로 3개를 설치해 각각 측정해요.

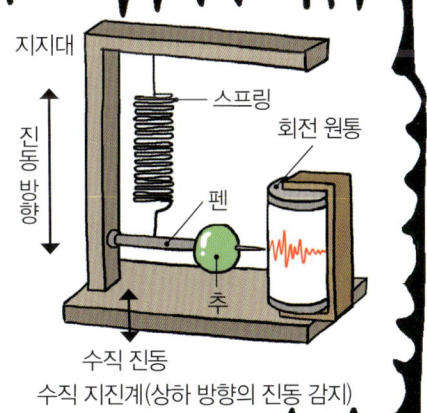

수직 지진계(상하 방향의 진동 감지)

지진의 세기는 어떻게 나타내요?

"어, 지진이 난 것 같은데……."

예민한 사람은 아주 작은 진동도 느끼지만 둔한 사람은 잘 느끼지 못해요. 그렇다면 지진의 세기는 어떻게 나타낼까요? 지진의 세기를 나타낼 때에는 '규모'와 '진도'라는 단위를 많이 사용해요. 규모는 지진의 절대적 강도를 나타내므로 지역에 관계없이 똑같지만, 진도는 지진 때문에 나타난 영향을 수치로 나타낸 것이므로 지역에 따라 달라요. 따라서 같은 규모의 지진이 발생하더라도 지역마다 진도는 다르지요.

규모는 지진의 세기가 클수록 지진파가 진동할 때 진동의 중심으로부터 최대로 움직인 거리(진폭)가 커진다는 사실을 바탕으로 개발된 단위예요. 규모 1.0과 같이 소수 첫째 자리까지 아라비아 숫자로 나타내지요. 규모의 숫자가 클수록 강한 지진이에요. 예를 들어 규모 1.0의 지진 강도는 폭약(TNT) 60톤의 폭발력에 해당하고, 규모 6.0의 지진은 1945년 히로시마에 떨어진 원자폭탄의 폭발력과 맞먹는답니다.

한편, 진도는 지진이 일어났을 때 사람이 몸으로 느끼는 정도, 또는 땅 위의 물체나 구조물이 흔들리는 정도를 수치로 표현한 거예요. 진도 계급에는 몇 가지가 있어요. 미국을 비롯한 여러 나라는 수정 메르칼리(MM) 진도 계급을, 일본과 대만은 일본 기상청(JMA) 진도 계급을 사용하지요. 우리나라는 일본 기상청 진도 계급을 사용하다가 2001년부터 수정 메르칼리 진도 계급을 쓰고 있어요.

일본 기상청(JMA) 진도에 따른 영향

JMA 진도와 MM 진도 비교												
JMA	0	1		2	3	4		5		6		7
MM	I	II	III	IV	V	VI	VII	VIII	IX	X	XI	XII

지진계에 감지될 뿐 사람은 느낄 수 없는 정도.

민감한 사람만 느낄 수 있는 정도.

보통 사람이 느끼고 문이 약간 흔들림.

겹쳐진 식기에서 소리가 나고, 그릇에 담긴 물이 진동함.

자던 사람이 대부분 눈을 뜨고, 집이 심하게 흔들림.

책장에서 책이 떨어지기 시작하고, 벽에 금이 감.

유리창이 깨지고, 수도관에 피해가 생김.

서 있기 힘들며, 무거운 가구 대부분이 움직이거나 쓰러짐.

무언가를 붙잡지 않으면 움직이지 못하며 땅이 갈라지기 시작함.

집과 도로가 크게 파손되며, 땅이 갈라지고 솟아오름.

리히터 규모에 따른 영향

리히터 규모	사람의 느낌이나 피해 정도	리히터 규모	사람의 느낌이나 피해 정도
1.0~1.9	느끼지 못함	6.0~6.9	굴뚝이 무너지고 집이 흔들림
2.0~2.9	지진계에 기록될 뿐, 사람은 느끼지 못함	7.0~7.9	넓은 지역에 심각한 피해
3.0~3.9	민감한 사람만 느낌	8.0~8.9	수천 미터에 걸친 심각한 피해
4.0~4.9	실내 가구와 창문이 흔들림	9.0~9.9	수천 킬로미터에 걸친 심각한 피해
5.0~5.9	문이 흔들리고, 건물에 작은 피해 일으킴	10.0~	지구 전체적인 파멸

※출처: 기상청

세계에서 일어난 역사상 중요한 지진

최근 일본, 중국, 대만 등 아시아에서 크고 작은 지진이 일어나고 있어요. 우리나라에서도 작은 지진이 연속으로 발생하며 지진에 대한 공포가

중국 산시(1556년, 규모 8.0)
사망자만 83만 명에 이르는 역사상 인명 피해가 가장 컸던 지진이에요. 당시 산시 지역 사람들이 대부분 지진에 취약한 동굴집에 살고 있어서 피해가 더 컸답니다.

인도네시아 수마트라(2004년, 규모 9.3)
23만 명의 사망자를 기록한 사상 최악의 지진해일을 일으킨 지진이에요. 이때 일어난 해일은 물결 높이가 최대 30미터로 동남아는 물론 아프리카까지 도달했다고 해요.

일본 미야기 현 태평양 앞바다 (2011년, 규모 9.0)
역사상 가장 큰 재산 피해를 입힌 지진이에요. 2만 5000명이 넘는 사람이 죽고, 약 140조 원의 피해를 냈어요.

커지고 있어요. 2011년 가까운 일본에서 발생한 대지진은 아직까지 우리에게 큰 충격으로 남아 있어요. 그렇다면, 지금까지 기록된 지진 가운데에서 규모가 가장 컸던 지진, 인명 피해가 가장 컸던 지진, 재산 피해가 가장 컸던 지진 등을 알아보아요.

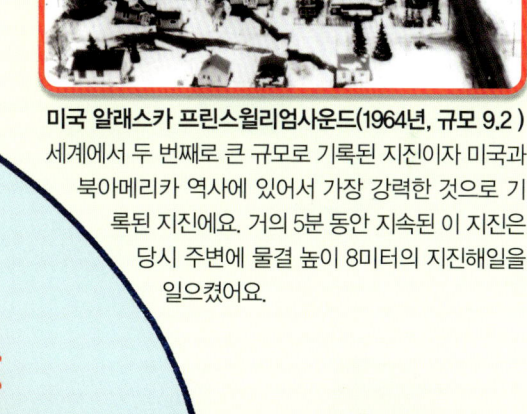

미국 알래스카 프린스윌리엄사운드(1964년, 규모 9.2)
세계에서 두 번째로 큰 규모로 기록된 지진이자 미국과 북아메리카 역사에 있어서 가장 강력한 것으로 기록된 지진이에요. 거의 5분 동안 지속된 이 지진은 당시 주변에 물결 높이 8미터의 지진해일을 일으켰어요.

아이티 포르토프랭스(2010년, 규모 7.0)
진앙이 수도와 가까웠고, 심도는 낮았으며, 내진 설계된 건물이 거의 없었던 탓에 피해가 컸던 지진이에요. 대략 50만 명의 사상자와 180만 명의 이재민이 발생한 것으로 추정되고 있어요.

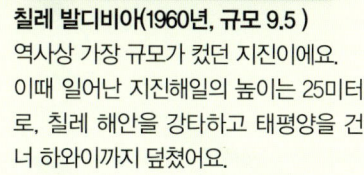

칠레 발디비아(1960년, 규모 9.5)
역사상 가장 규모가 컸던 지진이에요. 이때 일어난 지진해일의 높이는 25미터로, 칠레 해안을 강타하고 태평양을 건너 하와이까지 덮쳤어요.

5장 지진의 뒤를 따르다

지진이 일어나면 땅이 갈라지고 건물이 무너져서 입는 직접적인 피해도 크지만,
이 때문에 일어나는 화재와 지진해일 등으로 입게 되는 간접적인 피해도 커요.
특히 엄청난 높이의 파도가 해안가를 덮치는 지진해일은 그동안
수많은 사람들의 목숨을 앗아갔답니다.
이처럼 위험한 지진해일의 대처 방법, 지진을 예측하기 위해 애쓰는
지진학자의 활동 등을 함께 알아보아요.

지진이 언제 일어날지 미리 알 수 없나요?

오늘날 다음 주 날씨, 태풍의 진로, 홍수 규모와 발생 시간 등은 예보할 수 있지만 아직까지 지진 발생은 예측할 수 없어요. 현재 지진 예보 기술은 개발 단계에 있지요.

지진은 어느 특정한 장소에서 되풀이해서 발생하는 특징이 있어요.

따라서 지진을 예보하기 전에 이전의 지진 발생 시기 등을 고려해 먼저 지진이 일어날 만한 곳을 예측해야 해요. 그리고 예측된 곳에서 지진 전조 현상이 나타나는지 꾸준히 관측해야 하지요.

지진 전조 현상은 지진 발생 전에 나타나는 현상을 말해요. 땅이 갑작스럽게 솟아오르거나 우물물의 수위가 갑자기 낮아지고, 지하수의 화학 성분 또는 암석의 전기적 성질이 변하고, 작은 지진 활동이 이어지거나 특정한 전파가 나오는 현상이지요.

특히 특정 지역을 지나는 지진파의 속력, 즉 P파와 S파의 속력이 변화하는 것을 보고 지진 발생을 예측할 수 있답니다. P파의 속력은 보통 S파의 속력보다 1.75배 정도 더 커요. 하지만 지진 발생이 예측되는 지역을 통과할 때는 P파의 속력이 S파 속력의 약 1.5배까지 감소하지요. 이 현상은 얼마간 지속되다가 다시 정상으로 돌아오는데, 그 직후에 지진이 일어난다고 해요. 실제 미국에서는 이 현상을 바탕으로 지진을 예보하는 데 성공하기도 했답니다.

최근의 지진 예보 연구는 이런 전조 현상에 집중되고 있어요.

지진의 전조 현상은 몇 시간 또는 몇 주일 전에 나타나기도 하지만, 몇 년 또는 몇십 년 전에 나타나기도 해요. 이 기간은 지진의 규모가 클수록 길다고 해요. 즉, 대규모 지진이 발생하기 전에는 전조 현상도 오랫동안 나타난다고 해요.

지진 조기 경보가 뭐예요?

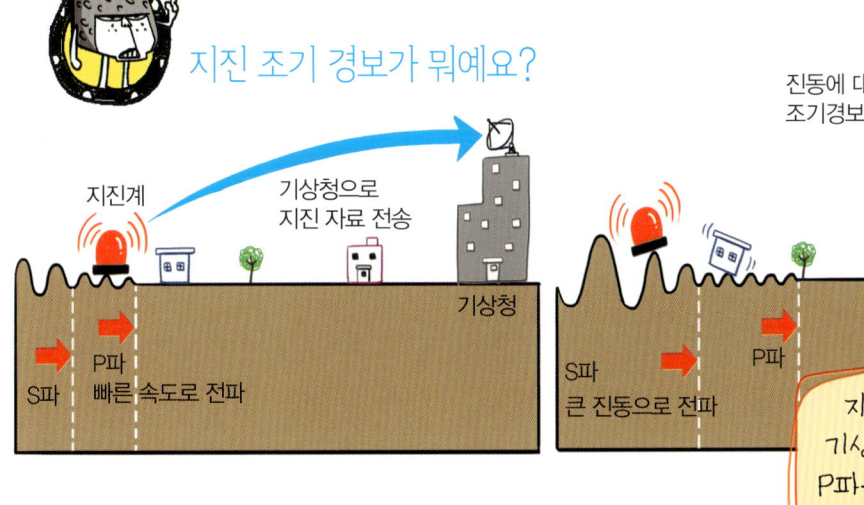

"에엥~, ○○ 지역에 지진이 발생했으니 긴급히 대피하시기 바랍니다."
지진이 일어났을 때 피해를 줄이려면 사람들에게 최대한 빨리 알려야 해요. 지진이 발생하고 처음 몇 초간이 가장 중요하다고 해요. 서둘러 알릴 경우 그만큼 대피할 시간을 벌 수 있기 때문이지요. 이렇게 지진을 최대한 빨리 알리는 것을 '지진 조기 경보'라고 해요.
지진 조기 경보는 지진파 P파가 S파보다 빠르다는 사실을 이용해서 해요. 지진계로 P파를 감지하는 즉시, 곧이어 큰 피해를 끼치는 S파가 뒤따라온다는 사실을 속보로 알리는 것이지요.
기상청은 우리나라에 지진이 일어나면 방송, 인터넷, 휴대 전화 등을 통해 사람들에게 재빨리 전달하고 있어요. 아직은 일본, 미국, 대만보다 오래 걸리지만, 앞으로 우리나라도 지진 관측소를 더 늘려 지진 발생에서 속보 발표까지 걸리는 시간을 10초까지 줄일 거래요. 지진 관측소를 많이 설치하면 지진 조기 경보 시간을 줄일 수 있답니다.

동물들이 지진을 먼저 알아챘다고요?

동물의 행동을 연구해 지진을 예측하려는 노력도 있어요.

동물 행동을 이용한 지진 예측은 기원전 373년까지 거슬러 올라간답니다. 당시 그리스에서 남긴 기록에 따르면 쥐, 뱀, 족제비, 지네가 대규모 지진이 일어나기 며칠 전 자신들의 보금자리를 떠나 도망갔다고 해요. 오늘날에는 중국과 일본의 과학자들이 이와 관련된 연구를 하고 있지요.

1969년 7월 18일 중국 톈진 시에 일어난 현상이 대표적인 예랍니다. 톈진 시 공원의 동물원 관리인은 어느 날 이상한 모습을 보게 되었어요. 곰이 소리를 지르고, 뱀이 자기 굴속으로 들어가는 것이었지요. 또 늘 물 위에 떠다니는 백조가 물을 두려워하는 것이었어요. 이상하게 생각한 관리인은 지진 예측 기관에 이 사실을 보고했지요. 그런데 그날 정오 무렵 인접한 발해만에서 규모 7.4의 강한 지진이 발생했답니다.

과학자들은 동물들의 감각이 사람보다 훨씬 더 발달했기 때문에 지진이 오기 전 이상한 행동을 보이는 거라고 말해요. 동물들이 지진 발생 전 미세한 땅의 변화를 감지할 수 있다는 것이지요.

2000년에 발표된 논문에 따르면, 실제로 몇몇 동물이 인간과 달리 S파가 오기 전에 먼저 도착하는 P파를 감지할 수 있다고 해요.

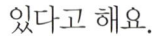

지진 피해는 한 번으로 끝나지 않는다고요?

지진 때문에 생기는 피해는 크게 지진 자체에 의한 1차 피해와 지진이 끝난 뒤에 발생하는 2차 피해로 나뉘어요.

지진이 일어나면 땅이 갈라지거나 내려앉아 건물, 댐, 발전소 등을 포함한 지상과 지하 구조물이 무너지고, 도로와 다리가 파괴되며 산사태가 나지요. 해안가에는 지진해일이 들이닥치고 사람이 다치거나 죽기도 해요. 이것을 지진 자체에 의한 직접적 피해로, 1차 피해라고 해요.

2차 피해는 1차 피해 때문에 생기는 피해를 말하지요.

지진의 2차 피해인 화재

전력선이나 가스관이 망가져 화재가 일어나고 댐이 무너져 홍수가 나며, 핵발전소가 파괴되어 방사능이 밖으로 새어나와 사람들이 방사능에 노출되는 피해가 2차 피해예요. 또 수도·전기·가스·통신 시설 등이 파괴되어 산업이 마비되고 유해 물질이 노출되며 사회가 큰 혼란에 빠지는 것도 2차 피해에 포함되지요.

칠레 지진보다 아이티 지진의 피해가 컸던 이유

2010년 초 아이티와 칠레에서 잇따라 강진이 일어났지만 그 피해 규모는 상당히 달랐어요. 아이티에서 발생한 규모 7.0의 지진으로 20만 명 이상이 죽은 것으로 추정되는 반면, 칠레에서는 이보다 강한 규모 8.8의 지진이 일어났지만 사망자는 500여 명에 그쳤어요. 왜 이런 차이가 생겼을까요?

먼저 두 지역의 건물 설계에 큰 차이가 있었어요. 그동안 지진이 자주 일어났던 칠레는 건물을 지을 때 지진에 대비한 설계(내진 설계)를 했지만, 아이티의 건물은 내진 설계는커녕 약한 철근으로 지어져 지진에 힘없이 무너졌던 것이랍니다.

그다음으로 아이티 지진의 진원이 인구 밀집 지역에 가까웠던 점을 들 수 있어요. 진앙에서 피해 지역인 포르토프랭스까지 거리가 16킬로미터, 진원 깊이는 13킬로미터에 불과해 지진 에너지가 그대로 전달되었지요. 하지만 칠레 지진의 주요 피해 지역인 콘셉시온은 진앙으로부터 115킬로미터 떨어져 있었고 진원 깊이도 34킬로미터로 깊어, 지진의 위력이 상대적으로 약하게 전해졌답니다.

지진만큼 무서운 지진해일

  2011년 3월 11일 일본 동북부 미야기 현 앞바다(태평양)에서 일어난 지진에서는 지진 자체보다 지진해일에 의한 피해가 더 컸어요. 집채만 한 파도가 마을을 덮쳐 목조 건물이 박살나고 자동차가 물에 둥둥 떠다니는 광경을 텔레비전이나 인터넷에서 보았을 거예요.

  해안에 거대한 파도가 밀려오는 현상을 해일이라고 하고, 지진 때문에 일어나는 해일을 지진해일이라고 해요. 지진해일은 쓰나미(일본어)로도 널리 알려져 있지요. 해일은 지진, 해저 화산 폭발이나 해저 산사태, 태풍, 빙하의 붕괴 등에 의해 일어나요.

  지진해일이 이동하는 모습은 연못에 돌을 던졌을 때 물결이 퍼져 나가는 모습과 같아요. 지진이 일어난 바로 위의 바다에서는 파도의 높이가 낮지만, 파도가 빠르게 이동해 수심이 얕은 해안에 가까워질수록 높이는 높아지고 속력은 느려진답니다. 그래서 지진해일이 만든 높은 파도는 늘 먼 바다가 아닌 해안가에서 볼 수 있지요.

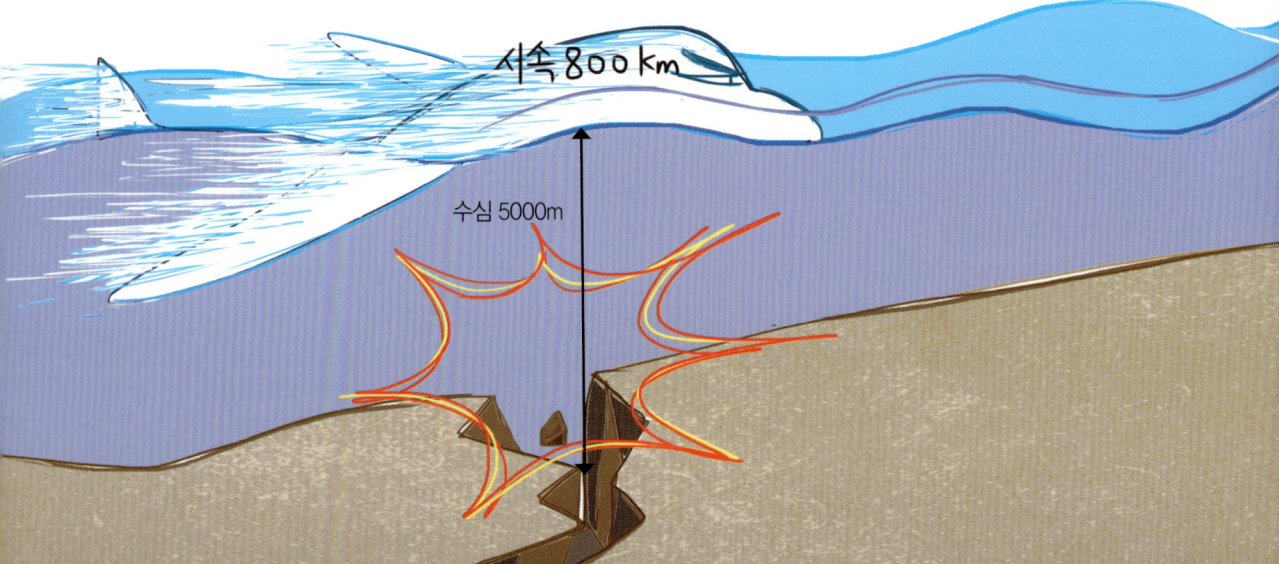

▶ 지진해일 때 발생하는 큰 파도

그런데 해안가에서 지진해일이 오는 것을 보고 뛰어서 피할 수 있을까요? 이론적으로 지진해일은 수심 5000미터에서는 비행기와 같은 속도인 시속 800킬로미터로 이동하다가, 수심 100m에서는 자동차와 같은 속도인 시속 110킬로미터로 움직여요. 해안가에서는 물결 높이가 10미터일 때 시속 36킬로미터로 이동하지요.

따라서 뛰어서 대피하기란 불가능해요. 멀리 가는 게 아니라 무조건 해수면보다 15미터 이상 높은 곳으로 올라가야 한답니다.

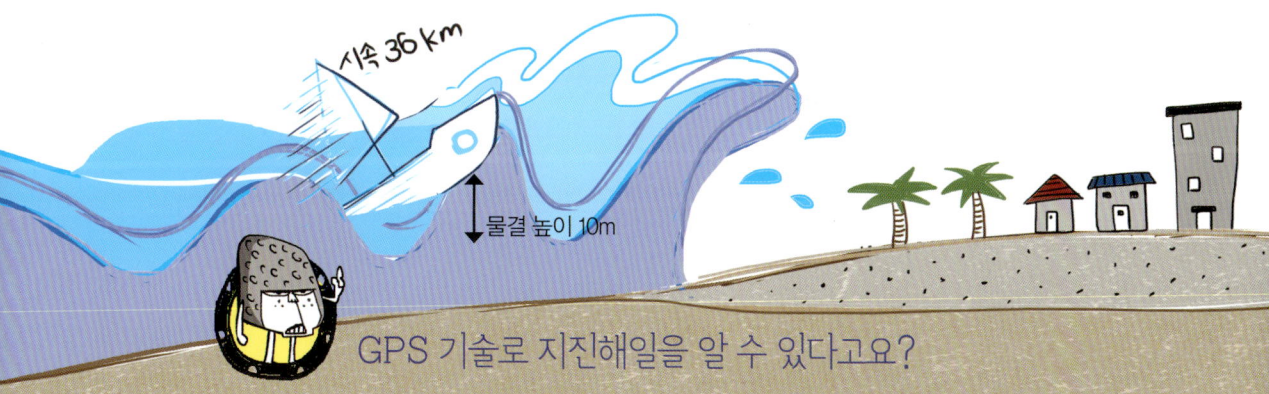

GPS 기술로 지진해일을 알 수 있다고요?

2004년 12월 인도네시아 지진해일 이후 지진해일 경보 시스템이 여러 곳에 생겨 태평양, 인도양 등을 실시간으로 감시하고 있어요. 미국해양대기청(NOAA)에서는 쓰나미 경보 센터 2곳을 운영하고 있지요. 지진해일 감시에는 인공위성과 위성항법장치(GPS)가 동원되고 있답니다. 위성항법장치는 인공위성을 이용해 자신의 위치를 정확히 파악할 수 있는 장치예요. 지진해일이 일어나면 먼저 바다 밑에 설치된 해저 센서가 위아래로 움직이는 바닷물을 감지해요. 이 정보는 GPS 센서가 달린 중계기(통신 부표)를 통해 인공위성에 전달되지요. 경보 센터에서는 이를 이용해 사람들에게 지진해일 경보를 발령한답니다.

지진해일이 일어나면 어떻게 대처해야 할까요?

2004년 12월 타이의 푸껫 해변에서 놀던 10세 영국 소녀 틸리 스미스가 지진해일이 닥칠 것을 알아차리고 주위에 알려 100여 명의 목숨을 구한 일이 있었어요. 이 소녀는 2주 전 수업 시간에 지진해일에 대해 배운 적이 있었는데, 그때 배운 지식으로 바닷물의 변화(거품이 일고 나서 순식간에 큰 파도가 치기 시작함)를 알아차릴 수 있었다고 해요. 마치 영화 같은 일이지요?

지진해일을 다룬 영화를 보면, 사람들이 순식간에 덮치는 집채만 한 파도를 피해 아무리 열심히 달려도 곧 파도에 빨려드는 걸 볼 수 있어요. 이처럼 엄청난 위력과 속도를 가진 지진해일에 어떻게 대처해야 할까요?

지금의 과학 기술로 지진 발생은 예측하기 어렵지만, 지진해일의 도착 시간은 예측할 수 있어요. 지진해일의 속도가 지진파보다 늦다는 것을 이용하는 것이지요. 예를 들어 칠레 해안에서 발생한 지진의 경우 지진파가 하와이 호놀룰루까지 도달하는 데 13분 52초가 걸린 반면, 지진해일은 15시간 29분이나 걸렸답니다. 따라서 예보나 경보 발령에 따라 높은 곳으로 재빨리 대피하면 지진해일의 피해를 줄일 수 있지요.

 지진해일이 발생하기 전에는 바닷물이 평소와 다르게 갑자기 줄어 해수면이 낮아지기도 해요. 또 지진해일이 해안으로 다가올 때는 비행기나 기차가 지나가는 것처럼 포효하는 소리가 들린다고 해요.

 여진이 뒤따르는 지진처럼 지진해일도 한 번으로 끝나는 게 아니라 여러 차례 뒤따를 수 있어요. 그러므로 해일이 지나갔다고 해서 섣불리 낮은 지대로 내려오지 말아야 해요. 높은 지대에 계속 머무르면서 휴대 전화 등으로 현재 상황을 계속 파악하고, 지진해일 특보가 해제되고 안전하다고 방송이 나오기 전까지는 대피해 있어야 한답니다.

 또 지진해일이 발생했을 때 바다에 나가 있던 배들은 항구로 돌아오지 말고, 경보가 해제될 때까지 먼 바다로 대피해 있는 것이 안전해요.

원자력 발전소는 지진에 대비해 어떻게 지어야 해요?

2011년 일본 동북부 지진 때에는 지진해일뿐 아니라 원자력 발전소 파괴에 따른 방사능 피폭으로 더욱 문제가 심각했어요. 원자력 발전소가 파괴되면 사람의 생명을 위협하는 방사능이 유출되어 굉장히 위험해요. 따라서 원자력 발전소를 지을 때에는 더욱 신중해야 하지요.

그렇다면 원자력 발전소는 지진에 대비해 어떻게 지을까요?

건물이나 구조물이 지진을 견뎌 내는 방법에는 크게 두 가지가 있어요. 지진에 의한 진동을 바람이 부는 것에 비유한다면, 흔들림에 따라 휘는 갈대처럼 부드럽게 대응하는 방법과 튼튼한 담벼락처럼 강하게 버티는 방법이 있지요. 일본이나 미국 서부 대도시의 고층 건물이 지진에 대비해 '갈대 전략'을 쓰는 반면, 원자력 발전소는 '담벼락 전략'을 쓴답니다.

지진이 일어나면 건물이든 발전소든 주로 수평 방향으로 흔들리지요. 지진의 진동에 흔들려도 원자로를 비롯한 내부 기기와 배관에 문제가 생기지 않도록, 원자력 발전소의 경우 구조물 자체를 단단하게 설계해요. 일반 건물에 비해 벽과 기둥을 콘크리트로 두껍게 만들고 철근도 많이 넣어 진동에 잘 견디게 만들지요. 재료의 이음 부분이 한 덩어리처럼 단단하게 붙도록 철근 콘크리트 구조로

고층 건물은 갈대처럼.

만드는 거예요. 또 철골 구조물을 X자 형태로 보강해 건물이 비틀리거나 무너지지 않도록 한답니다.

원자력 발전소는 건설되는 터도 달라요. 지진이 일어날 가능성이 있는 곳은 피하고, 1평방미터당 700톤의 무게를 견딜 수 있도록 암반 위에 짓지요.

또 원자력 발전소를 건설할 때에는 과거의 지진 기록도 고려해요. 우리나라 원자력 발전소는 우리나라에서 일어날 수 있는 최대 규모 6.5의 강진이 원자로 건물 바로 아래에서 일어나도 견딜 수 있도록 설계되었어요.

원자력 발전소에 들어가는 주요 기기도 규모 6.5의 강진에 견딜 수 있는지 점검을 받아요. 진동 테이블 위에 올려놓고 강진에 해당하는 힘으로 흔들어도 파손되지 않고 제 기능을 하는지 살피는 것이지요.

▼ 원자력 발전소는 일반 건물에 비해 벽과 기둥을 콘크리트로 두껍게 만들고, 철근도 많이 넣어 진동에 잘 견뎌요.

원자력 발전소는 튼튼하게!

원자력 발전소가 터지면 어떻게 돼요?

최악의 원전 사고 등급인 7등급에 속해 폐허가 된 체르노빌 지역

1986년 4월 26일 우크라이나의 체르노빌 원자력 발전소에서 사고가 일어났어요. 이 사고는 2011년 3월 11일 일본의 후쿠시마 원전 사고가 있기 전까지 인류 최악의 원전 사고로 기록되고 있었지요. 체르노빌과 후쿠시마 원전 사고 모두 최악의 원전 사고 등급인 7등급에 속하는데, 7등급 원전 사고란 인류와 생태계에 광범위하게 영향을 끼친 중대한 원전 사고를 말해요.

지금으로부터 약 28년 전 일어난 체르노빌 사고는 지금까지도 정확한 피해 규모를 알 수 없을 만큼 심각했어요. 방사능 노출 때문에 생긴 암 환자들의 수 또한 그 규모를 따지기 힘들 정도로 큰 사고였지요. 지금도 체르노빌 원전 주변 반경 30킬로미터는 이후로 몇백 년이 지나도록 사람이 살 수 없는 지역이 되어 버린 상태예요.

후쿠시마 사고의 경우도 원전에서 새어 나온 방사능 때문에 급성 백혈병 환자가 갑자기 늘어났으며, 후쿠시마에서 반경 30킬로미터 주위로는 몇백 년이 지나야 사람이 살 수 있게 될지 알 수 없는 상황이에요. 더군다나 후쿠시마에서는 지금도 방사능에 오염된 물이 계속 흘러나와 문제가 더욱 심각해요. 후쿠시마 인근 해역에서 잡힌 물고기들을 조사했더니

방사능에 심각하게 오염된 사실이 밝혀졌답니다. 예를 들어 2012년 12월 20일에 잡힌 물고기(개볼락)에서는 일본 정부가 정한 기준치의 2540배에 달하는 방사성 세슘이 검출됐어요.

인체는 방사성 물질에서 나오는 방사선에 노출되면 처음엔 구토, 설사 등의 증상이 나타나요. 그러다가 노출된 방사선 양에 따라 증상이나 질환이 점차 다르게 나타나지요. 조직이나 장기가 파괴되거나 암이 발생하기도 하고 골수 파괴, 피부 궤양 등을 겪으며 심하면 죽음에 이르기도 하지요. 방사선에 노출되면 세포가 정상적으로 분열하지 못하고, 백혈구가 파괴되면서 면역 기능을 잃기 때문에 각종 이상이 발생하는 거예요.

한편 후쿠시마 원자력 발전소는 영국의 보험사인 로이드에 보험을 들려고 했는데, 지진의 위험성 때문에 거부당하기도 했다고 해요. 여기에서도 알 수 있는 것은 원자력 발전소는 사고가 생기면 상상을 초월하는 피해를 끼치는 만큼, 발전소를 지을 곳의 지질에도 각별히 주의를 기울여야 한다는 거예요.

지진이 일어나면 어떻게 해야 해요?

갑자기 지진이 일어나면 어떻게 해야 할까요?

대부분의 지진은 매우 짧은 시간 동안 발생하므로 침착하게 가까이 있는 안전한 곳으로 피해야 해요.

소방방재청에서 제시한 대피 요령을 함께 살펴볼까요?

가정에 있을 때

화재로 인한 또 다른 피해를 막기 위해 재빨리 전기와 가스를 끊고, 두 손으로 머리를 감싼 채 식탁이나 책상 밑으로 몸을 피해요.

또는 소파나 큰 의자 옆으로 가서 몸을 웅크려요.

건물 안에 있을 때

엘리베이터에 타고 있다면 재빨리 내리고, 빌딩이나 큰 건물 안에서는 견고한 구조물 아래나 옆으로 가서 몸을 웅크리고 있어야 해요. 작은 건물에서는 1층보다 2층이나 3층이 안전하므로 위층으로 대피해요.

학교에 있을 때

보통 책상 아래나 옆으로 대피해요.

하지만 내진 설계가 되어 있지 않은 학교의 경우, 건물 안에 있는 것이 오히려 더 위험할 수 있어요. 그럴 때에는 운동장과 같은 공터에 있는 것이 더 안전해요.

여진이 더 무섭다고요?

큰 지진이 일어났던 지역의 사람들은 항상 또 다른 지진이 이어지지 않을까 하는 공포에 시달려요. 큰 지진이 일어난 뒤 진앙 주위에 일어나는 작은 지진을 '여진'이라고 해요. 여진이 무서운 이유는 큰 지진으로 파손되어 약해진 건물이나 다리 등을 다시 파괴하고, 이재민이나 구조하는 사람들을 불안하게 만들기 때문이에요.

대개 여진은 큰 지진이 발생한 뒤 며칠에 걸쳐 나타나고, 시간이 지나면서 급격히 줄어들어요. 하지만 규모 7.0 이상의 강한 지진이 일어날 경우에는 수개월에서 수년에 걸쳐 많은 여진이 발생할 수도 있답니다. 예를 들어 2016년 9월 12일 규모 5.8로 일어난 경주 지진의 경우, 11월 12일까지 총 517회의 여진이 발생했다고 해요.

지진 예측에 도전하는 과학자, 지진학자

화산 분화를 예측하기 힘든 만큼 지진 발생도 예측하기 힘들어요. 언제 폭발할지 모를 화산에 대해 연구하는 화산학자처럼, 지진이 언제 어디에서 어떻게 일어날지 미리 알기 위해 연구하는 과학자가 바로 지진학자랍니다.

지진이 발생할 때에는 지진파가 생기는데, 지진 연구는 지진계가 기록한 지진파를 분석하는 데에서 출발해요. 지진학자는 지진이 일어난 시간과 위치, 그 규모를 살필 뿐 아니라 지진파의 성질, 지반과 지구 내부의 특징을 연구하지요.

화산과 마찬가지로 지진은 지질학의 한 분야로 연구되고 있어요. 지구 내부 구조를 이해하고 지각판의 특성과 지각 변동이 어떻게 일어나는지 알아야, 지진이 어떻게 발생하고 지진파가 어떻게 전달되는지 이해할 수 있거든요.

우리나라에서는 기

상청 지진센터, 한국지질자원연구원 지진연구센터를 중심으로 지진을 활발하게 관측하며 연구하고 있어요. 해외에서는 미국지질조사소, 일본 도쿄대 지진연구소, 유럽-지중해 지진센터 등에서 지진 연구에 몰두하고 있지요.

실제로 지진 체험을 해 볼 수도 있답니다. 서울특별시 소방재난안전본부에서 운영하는 서울시민안전체험관에 인터넷 또는 전화로 예약하면 되지요.

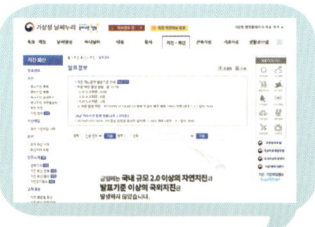

기상청 지진화산감시센터
(http://www.weather.go.kr/weather/earthquake_volcano/report.jsp)
국가 차원에서 지진 재해에 대응하기 위해 기상청에서 운영하는 지진센터예요. 지진이 일어날 경우 국민에게 신속하게 알리는 것을 주된 목적으로 하지요.

한국지질자원연구원의 지진연구센터
(https://www.kigam.re.kr/quake/)
지진학, 지구물리학, 컴퓨터를 전공한 16명의 연구원이 지진 관측 및 연구를 하고 있어요. 전국에 지진관측소 30개를 운영하고 있기도 해요.

서울시민안전체험관
(http://safe119.seoul.go.kr/)
보라매안전체험관과 광나루안전체험관의 두 군데로 나뉘어 운영되고 있어요. 지진 체험뿐만 아니라 태풍 체험, 화재 체험, 교통사고 체험처럼 안전과 관련된 다양한 체험 활동을 할 수 있어요.

6장 우리나라의 지진

우리나라는 지진의 안전지대일까요?
우리나라에서 지진이 일어날 가능성은 옆 나라 일본에 비해 적어요.
하지만 2016년 9월 12일 경주 규모 5.8의 지진이 일어나면서
우리나라에도 최근 지진 피해를 걱정하는 사람들이 많아졌어요.
이번 경주 지진이 일어난 이유와 역사 속에 나타난 지진 기록,
수도권과 동해에 지진이 일어난다면 어떻게 될지 등등을 함께 알아보아요.

우리 역사 속 지진 기록

우리나라에서 지진을 관측한 것은 1905년에 기상청이 인천관측소에 지진계를 맨 처음 설치하면서부터예요. 물론 그전에도 지진에 대한 기록이 있었어요. 《삼국사기》, 《고려사》, 《조선왕조실록》 등의 역사책에서 발견할 수 있지요.

《삼국사기》에 나타난 최초의 지진 기록은 고구려 유리명왕 21년(서기 2년), "가을 8월에 지진이 났다."라는 내용이랍니다.

또 지진에 의한 인명 피해 규모를 구체적으로 밝힌 유일한 기록도 있어요. 신라 혜공왕 15년(779년), "봄 3월에 경도(경주)에 지진이 나서, 백성들의 집이 무너지고 죽은 사람이 100명이 넘었다."라는 내용이에요. 이것은 오늘날 지진 규모 6.7에 해당하는 세기예요. 2010년 아이티 지진이 규모 7.0이었다는 것을 생각하면, 779년 신라에서 일어난 지진이 꽤 강한 지진이었음을 알 수 있지요.

《고려사》에 따르면 고려 시대에는 지진이 150회 이상 발생했다고 해요. 1311년에는 고려 왕궁이 지진 때문에 피해를 입었다고 전해져요.

조선 시대의 지진 기록은 훨씬 더 많이 알려져 있어요.

조선의 역사를 기록한 《조선왕조실록》에는 1500건이 넘는 지진 기록이 담겨 있지요. 특히 1400년부터 1800년 사이에 지진이 집중적으로 발생했다고 해요.

중종 13년(1518년)에는 "소리가 성난 우레 소리처럼 크고 담장과 성벽이 무너졌으며 도성 안 사람들이 밤새 노숙하며 집에 들어가지 못했다."라는 기록이 남아 있답니다.

인조 21년(1643년) 7월에는 울산 근처에서 큰 지진이 발생해 경상도, 전라도는 물론 한양에까지 전국적으로 지진이 이어졌다고 해요.

숙종 7년(1681년) 5월에는 강원도에 지진과 함께 바닷물이 육지를 뒤덮은 지진해일과 관련해 다음과 같은 기록이 남아 있어요. "강원도에서 지진이 일어났는데, 소리가 우레 같았고 담벼락이 무너졌으며, 기와가 날아가 떨어졌다. 양양에서는 바닷물이 요동쳤는데, 마치 소리가 물이 끓는 것 같았고……."

하늘이시여, 화를 푸소서!

우리 조상들은 지진에 대해 이렇게 생각했어요

고려 시대에는 지진을 하늘의 뜻이 변한 것으로 생각했어요. 그래서 고종 15년(1228년)에 큰 지진이 일어나자 왕이 직접 나서서 지진이 없기를 빌었고, 공민왕 6년(1357년)에는 지진을 이유로 들어 아주 무거운 죄를 지은 죄인 이외에는 모두 용서해 주었다고 해요. 또 조선 세종 때에는 지진을 외적이 침입한다는 경고로 받아들이기도 했어요.

우리나라는 지진의 안전지대인가요?

우리나라에서 지진이 일어날 가능성은 일본에 비해 적어요. 하지만 지진이 아주 일어나지 않는 것은 아니에요. 국내에서 본격적으로 지진을 관측한 1978년 이래 2015년까지 규모 2.0 이상의 지진이 모두 1212회 일어났어요. 하지만 다행히 강도는 그렇게 세지 않았답니다.

지진해일에 의한 재해도 1980년대와 1990년대에 각각 1회씩 일어났어요. 1983년 일본 혼슈 아키타 현 서쪽 바다에서 일어난 규모 7.7 지진 때문에 지진해일이 일어나, 동해안 일대에서 1명이 죽고 2명이 실종되었지요. 1993년에도 속초에서 동북쪽으로 950킬로미터 떨어진 일본 홋카이도 서쪽 바다에서 규모 7.8의 지진이 일어나, 역시 동해안에 지진해일이 밀어닥쳐 속초항 등에서 고기잡이배 10여 척이 침몰했어요.

지진 관측 횟수는 1990년대 중반 이후 급격히 증가했어요.

그 이유는 지진 감시 시설이 많아지고 분석 기술이 향상되면서 아주 작은 지진까지 감지하게 되었기 때문이라고 해요. 또 통신이 발전하면서 지진 발생을 신고하는 건수도 증가했기 때문이라고 해요. 실제로 지진이 더 많이 일어나게 된 것은 아니라는 뜻이지요.

과학자들은 한반도에서 발생할 수 있는 지진의 최대 규모를 6.0~6.5로 보고 있어요. 2016년 9월 12일에는 우리나라 지진 관측 역사상 최고로 강한 규모 5.8의 지진이 경주에서 발생했지요.

우리나라에서 가장 강한 지진이 경주에서 났다고요?

2016년 9월 12일 저녁 7시 44분 경북 경주에서 규모 5.1의 지진이 일어났어요. 주민들은 깜짝 놀라서 집 밖으로 뛰쳐나왔고, SNS에는 '큰 지진이 났다'는 소식이 퍼졌어요. 그리고 1시간도 채 흐르지 않은 저녁 8시 32분에 더 큰 지진이 경주와 울산 등 경북 일대를 뒤흔들었어요. 이 진동은 서울까지 전해질 정도였답니다. 기상청의 공식 발표에 따르면, 두 번째 발생한 강진은 규모 5.8이었는데요, 이는 우리나라 지진 관측 역사상 최고로 강한 지진이었어요.

경주 지진의 경우 두 번째로 발생한 지진이 규모가 더 커서 본진(本震)이라고 하고, 첫 번째로 일어난 지진은 본진에 앞서 발생한 규모가 작은

〈경주 지진 발생 현황〉
우리나라 지진 관측 역사상 최고로 강한 규모 5.8의 지진이 일어났어요.

발생날짜: 2016년 9월 12일 20시 32분 54초
진앙: 경북 경주시 남남서쪽 8킬로미터 지역(35.77°N, 129.18°E)
규모: 5.8

지진이라 전진(前震)이라고 한답니다. 경주 지진은 규모 5가 넘는 강진이라 그 뒤로 여진도 많이 나타났어요. 지진이 발생한 지 일주일 만에 규모 4.5로 비교적 강한 여진이 일어났고, 기상청 집계에 따르면, 11월 12일까지 총 517회의 여진이 발생했다고 해요.

지진 발생으로 인한 경주 지역 일대의 피해 현장

　지진 발생으로 인한 피해도 속출했어요. 지진 발생 당일에는 창문이나 집 안 가구가 흔들리는 것은 물론이고, 많은 사람들이 집 전체가 흔들리는 진동을 느꼈지요. 지진이 일어난 지 이틀 뒤인 9월 14일 국민안전처는 경주 지진으로 부상자 23명, 재산 피해가 1118건 일어났다고 발표했어요. 다음날인 9월 15일까지 재산 피해는 5120건으로 늘어난 것으로 집계됐답니다. 피해는 경주, 울산 지역에 집중됐는데 건물에 균열이 생겼고 수도배관이 파열됐어요. 또 담장이나 기와 지붕이 무너져 내리고 이 때문에 근처의 차량 등이 파손됐다고 해요.

경주에 있는 문화재들은 안전한가요?

이번 경주 지진으로 인해 첨성대, 불국사를 비롯한 문화재들도 피해가 있었어요. 문화재청은 2016년 9월 12일 발생한 경주 지진으로 인해 경주시와 인근 지역의 문화재가 9월 21일까지 97건(국가지정 51건, 시도지정 및 문화재자료 46건)의 피해가 있었다고 발표했어요. 국보 제31호인 첨성대는 남측면의 정자석이 북쪽으로 3.8센티미터 이동하는 등 피해를 입어 복구 작업을 진행하고 있답니다.

경주 지진은 왜 일어난 건가요?

한국지질자원연구원과 기상청은 활성단층인 양산단층이 움직이면서 경주 지역에 규모 5.8의 강한 지진이 발생했다고 밝혔어요. 단층이란 땅이 마치 케이크처럼 갈라져 어긋난 것인데, 활성단층은 지진이 일어날 가능성이 있는 단층을 말해요. 전문가들은 활성단층이 지질시대로 치면 최근인 제4기(295만 년 전~현재)에 활동을 반복했다고 봐요. 현재까지 우리나라에서 발견된 활성단층은 양산단층을 포함해 모두 60여 개라고 하네요.

사실 경주는 '조선왕조실록'에도 여러 차례 지진이 발생했다는 기록이 나타날 정도로 지진이 자주 일어났던 곳이랍니다. 경주에 지진이 잦은 가장 큰 이유는 그 아래에 한반도에서 가장 활발하게 활동했던 양산단층과 울산단층이 교차하고 있기 때문이죠. 한국지질자원연구원 전문가에 따르면, 양산단층 주변에 모량단층, 밀양단층, 동래단층 등이 모여 있는데, 이번 지진은 이런 '양산단층대'에서 발생한 것이랍니다. 구체적으로 이번 지진은 땅 덩어리 2개가 수평으로 미끄러지는 단층(주향이동단층)의 움직임이 주원인이고요. 한 덩어리가 다른 덩어리 위로 약간 올라간 단층(역단층)의 움직임도 함께 일어났다고 해요.

양산단층대는 2300만 년 전부터 형성되기 시작했고, 이후 몇 차례에 걸쳐 외부의 힘을 받았어요. 이 과정에서 쌓인 에너지가 분출되면 활성단층이 움직이고 지진이 발생하는 것이죠. 이번 경주 지진도 이런 움직

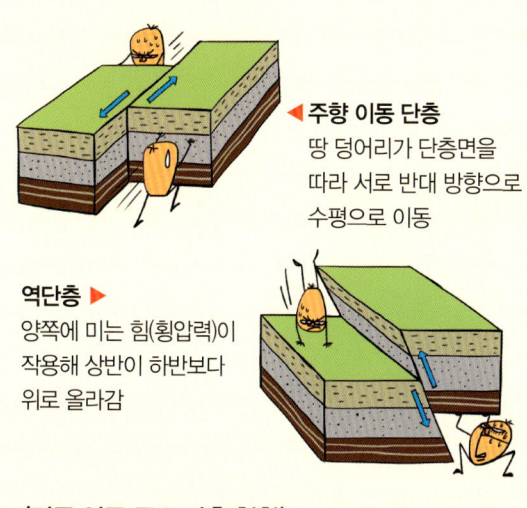

◀ **주향 이동 단층**
땅 덩어리가 단층면을 따라 서로 반대 방향으로 수평으로 이동

역단층 ▶
양쪽에 미는 힘(횡압력)이 작용해 상반이 하반보다 위로 올라감

〈경주 인근 주요 단층 현황〉
경주 지진이 일어난 지역은 '활성단층'인 양산단층대가 발달해 있어요.
이 가운데 일부 단층이 움직이면서 연속해서 지진을 일으킨 것으로 알려졌어요.

임 때문에 일어났어요. 앞으로 경주 지진으로 인한 여진은 가끔씩 발생할 수 있지만, 점차 줄어드는 경향을 보이고 있고요, 강한 여진은 없을 것이라는 것이 전문가들의 의견이에요.

또한 전문가들은 양산단층 같은 활성단층의 움직임을 계속 관찰해야 하고, 이번 경주 지진과 같은 강진이 일어날 가능성에 대비해야 한다고 주장했지요. 따라서 지진이 일어날 위험성이 있는 국내 활성단층을 본격적으로 연구할 계획이랍니다.

경주 인근에 있는 원자력발전소는 안전한 건가요?

경주 지진의 진앙지로부터 비교적 가까운 곳에 원자력발전소가 있어요. 경주에 규모 5.8의 강진이 일어났을 때 주변의 원자력발전소인 월성 1~4호기는 발전소를 정지시킨 뒤 설비에 이상이 없는지를 점검했어요. 다행히 원자력발전소에는 아무런 이상이 없었어요. 사실 원자력발전소는 규모 6.5의 지진에도 견딜 수 있도록 설계(내진 설계)돼 있고요, 앞으로는 규모 7.0의 지진에도 견딜 수 있도록 내진 설계 기준을 강화할 계획이랍니다.

수도권에 강한 지진이 일어나면 어떻게 될까요?

"201○년 ○월 ○일 서울 중구에서 규모 6.5의 지진이 발생했다. 서울에서만 7726명이 죽고 10만 7524명이 다쳤다. 또한 서울 시내 건물의 57% 정도가 무너지거나 갈라졌다. 전국적으로 2만 7582채의 건물이 완전히 파괴됐고 52만여 채의 건물이 파손됐다. 이재민 숫자는 무려 10만 4011명으로 추산됐다."

이것은 2011년 3월 소방방재청이 공개한 서울 도심의 지진 시뮬레이션 자료랍니다. 시뮬레이션이란 여러 가지 관련 자료를 컴퓨터에 넣어 가상으로 추정해 보는 작업을 말해요.

서울 도심에서 지진이 일어나도 서울에서만 피해가 발생하지 않아요. 서울과 경기를 포함한 수도권은 물론, 강원도 일부 지역, 대전, 충청남도, 경상북도 일부 지역에까지 피해가 발생할 것으로 예측됐지요. 지진 규모가 커질수록 피해도 더 커진답니다.

그렇다면 지진의 진원지를 바꿔서 시뮬레이션을 하면 결과가 어떻게 달라질까요?

경기도 광주 남한산성 지하 10킬로미터에서 규모 6.3의 지진이 발생했다고 해 볼까요. 시뮬레이션 결과 전국적으로 1106명이 죽고 2만 2630명이 다쳤으며 19만여 채의 건물이 파괴됐어요.

만일 제주도 서귀포 지하에서 규모 6.5의 지진이 일어난다면 어떻게 될까요? 시뮬레이션 결과 전라남도에서는 건물이 심하게 흔들려 유리창이 깨졌고, 전라북도와 경상남도에서는 실내에서 건물의 떨림이 느껴졌으며, 지진의 진동은 강원도까지 전달됐답니다. 남한산성 가상 지진의 결과에 비해 사망자는 10분의 1, 건물 피해는 14분의 1 수준에 그쳤다고 해요.

〈남한산성 가상 지진의 피해 규모〉

경기도 광주 남한산성의 지하 10킬로미터에서 규모 6.3의 지진이 발생했다고 가정했을 때 주변 지역의 피해 규모를 추정한 결과예요. 진앙에서의 거리가 가까울수록 건물의 피해율이 높다는 사실을 확인할 수 있어요.

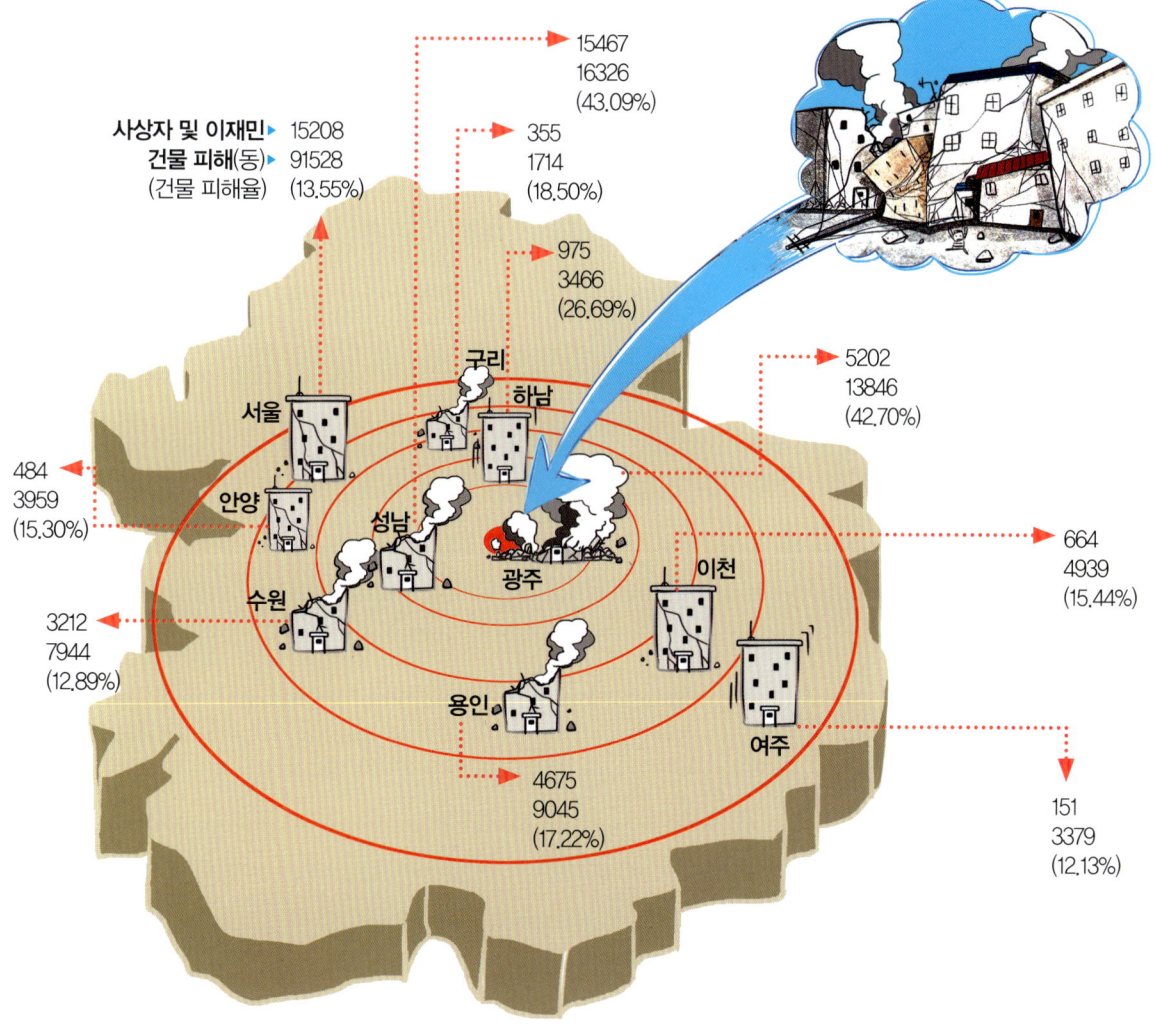

동해에 지진해일이 일어난다면 어떻게 될까요?

일본 동쪽 바다에서 일어나는 지진해일은 우리나라에 별다른 영향을 미치지 못해요. 일본 열도가 파도를 막아 주는 방파제 역할을 하기 때문이지요. 하지만 지진해일이 일본 서쪽 바다에서 일어난다면 상황은 완전히 달라져요.

실제로 일본 서해안에서 일어난 지진해일 때문에 우리나라가 피해를 입은 적이 여러 차례 있답니다.

그렇다면 만약 동해에서 지진이 발생한다면 어떻게 될까요?

소방방재청에서 가상 지진해일에 대한 시뮬레이션을 실시한 결과를 보면 알 수 있어요. 동해 먼바다인 일본 서해안에서 규모 8.0의 강진이 일어날 경우, 지진해일은 우리나라 동해안에 1시간 30분 만에 도착한다고 해요. 물결 높이는 2~5미터 정도 될 거라고 해요.

그리고 지진이 발생하는 위치에 따라 지진해일이 우리나라 동해안에 입히는 피해 정도가 달라진다고 해요. 일본 서해안 남쪽이나 북쪽에 치우친 지역에서 지진이 발생하면, 우리나라 동해안에는 물결 높이 2~2.5

▼ 1993년 동해안을 강타한 지진해일로 피해를 입은 모습

〈동해 지진해일의 시뮬레이션 결과〉
일본 서해안의 중간쯤인 시마 섬 부근에서 지진이 발생하면 1시간 45분 뒤 우리나라 동해안에 지진해일이 들이닥칠 것으로 예상된답니다.

미터의 약한 지진해일이 일어나요. 반면에 일본 서해안의 중간쯤인 시마 섬 근처에서 지진이 발생하면, 우리나라 동해안에 높이 3~5미터의 지진해일이 들이닥쳐 큰 피해를 끼칠 거라고 해요. 그래서 소방방재청은 지진해일이 일어날 것에 대비해 여러 가지 대응 방법을 마련하고 있답니다.

 소방방재청은 먼저 동해안의 지진해일 침수 예상도를 만들고, 더 나아가 지진해일 대응 시스템을 마련하고 있어요. 침수 예상도에는 동해안의 주요 항구와 해수욕장, 해일 위험 지역 등 40개 지역을 대상으로 지진해일 발생 시 도달 시간, 예상 파고, 대피 장소 등이 실려 있답니다.

7장 화산과 지진, 따로 또 같이!

화산 활동과 지진은 아무 데서나 일어나지 않아요.
세계에서 가장 큰 바다인 태평양 주위를 띠 모양으로 둘러싼 지역에서
주로 발생하지요. 이 띠 모양의 지역을 '불의 고리'라고 해요.
지구 표면은 여러 개의 판으로 나뉘어 있는데, 불의 고리는 이 판과
판의 경계면을 따라 형성되어 있어요.
이 판들이 서로 부딪히면서 화산 활동도 생기고 지진도 일어나는 거랍니다.

지진과 화산 활동이 자주 일어나는 곳이 있어요?
태평양을 둘러싼 환태평양 지진대와 화산대

2011년 일본 동북부 지진, 2010년 인도네시아 메라피 화산 폭발, 2010년 칠레 지진, 1980년 미국 세인트헬렌스 화산 폭발……

이들은 모두 태평양을 둘러싼 가장자리에서 일어난 지진이나 화산 폭발이라는 공통점을 가지고 있답니다. 태평양을 띠 모양으로 둘러싸며 둥글게 분포하는 이 지역은, 지진과 화산 폭발이 자주 발생해 지질학적으로 '불의 고리(Ring of Fire)'라고 불려요.

지진이나 화산 활동은 아무 데서나 발생하지 않아요. 주로 띠 모양의 좁은 영역에 집중되어 일어나지요. 바로 '불의 고리' 지역이에요. 이렇게 띠 모양으로 분포하며 지진이 자주 일어나는 곳을 '지진대'라고 하고, 화산 활동이 활발하게 일어나는 곳을 '화산대'라고 해요.

흥미롭게도 지진대와 화산대는 판의 경계 부근에 분포하며 거의 일치한답니다. 다시 말하면 화산과 지진은 판의 경계 부근에서 발생하며, 지진이 자주 발생하는 곳에서 화산 폭발도 잦다는 뜻이지요.

오른쪽 그림과 같이 태평양을 둘러싼 '불의 고리'는 환태평양 지진대 또는 환태평양 화산대라고도 불려요. 이곳에는 10여 개의 *해구가 있으며, 450개 이상

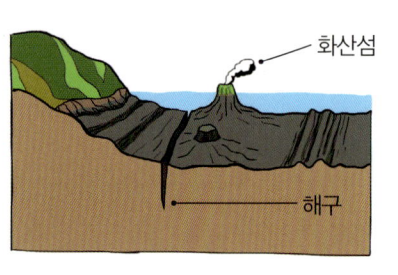

*해구: 깊은 해저에 움푹 들어간 좁고 긴 지형.

의 화산이 있답니다. 매년 전 세계에서 일어나는 지진과 화산 활동의 70% 이상이 바로 이곳에서 발생해요.

불의 고리에 위치해 지진이 잦은 일본

〈환태평양 화산대와 주요 지진〉

불의 고리 (Ring of Fire)

9.0 도호쿠 지진 2011년 3월 11일

7.5 파푸아뉴기니 지진 2014년 4월 19일

7.8 세인트헬렌스 화산 폭발 1980년 5월 18일

9.3 수마트라 대지진 및 쓰나미 2004년 12월 26일

6.1 자바 지진 2014년 1월 26일

8.0 통가 지진 2006년 5월 3일

6.7 통가 지진 2006년 5월 28일

'불의 고리'는 칠레 서해안, 미국 서해안, 미국 알래스카에서 러시아 캄차카 반도를 잇는 알류샨 열도, 러시아 쿠릴 열도, 일본 열도, 타이완, 필리핀, 말레이 제도, 뉴질랜드 등이 길이 4만 킬로미터에 걸쳐 편자(말굽에 대어 붙이는 쇳조각)와 비슷하게 U자 모양으로 이어지는 지역이에요.

지진과 화산 폭발이 지구 표면의 판과 관련 있다고요?

지진과 화산 폭발이 자주 발생하는 '불의 고리'는 판의 움직임에 따라 나타나는 직접적인 결과랍니다. 이게 무슨 말이냐고요?

현재 지구 표면은 일곱 개의 주요한 판들과 수십 개의 작은 판들로 이루어져 있어요. 일곱 개의 주요한 판은 유라시아판, 태평양판, 북아메리카판, 남아메리카판, 아프리카판, 인도-호주판, 남극판이에요. 이외에 필리핀해판, 아라비아판, 카리브판 등이 있어요.

지구 표면을 이루는 판들은 고정되어 있지 않고 움직이는데, 퍼즐 조각처럼 서로 맞물려 있어 하나의 판이 이동하면 다른 판도 영향을 받아요. 판이 움직이면 판의 일부분인 대륙도 움직이지요. 특히 판의 경계에서 두 개 이상의 판이 충돌하거나 벌어지면, 지진과 화산 활동 등 여러 가지 지각 변동이 생겨요.

따라서 '불의 고리'의 동쪽 부분에서 나즈카판과 코코스판이 남아메리카판의 아래로 끌려 들어가고, 서쪽 부분에서 태평양판이 캄차카 반도부터 일본 남쪽까지 유라시아판 아래로 들어가기 때문에 지진과 화산이 자주 발생하는 것이랍니다.

또 인도네시아는 유라시아판, 태평양판, 인도-호주판이 충돌하는 지역이라 불의 고리에서 지진이나 화산 활동이 가장 활발해요. 이웃 나라 일본의 경우는 태평양판과 필리핀해판이 각각 유라시아판 아래로 끌려 들어가고 있어 강진이 자주 일어나고 화산 활동도 잦아요. 다행히 우리 나라는 판의 경계에서 비교적 멀리 떨어져 있지요.

유라시아판은 유럽과 아시아 대륙을 포함하는 판이야. 약 6000만 년 전 인도판과 충돌해 히말라야 산맥을 만들었고, 약 1000만~2500만 년 전 아프리카판과 충돌해 알프스 산맥을 만들었단다.

태평양판은 7개의 주요한 판 가운데 대륙을 가장 적게 포함하는 판이야. 그리고 남아메리카판은 7개의 주요한 판 가운데에서 가장 작은 판이지.

※태평양판은 대부분 태평양 아래에 있는 해양판이지만, 미국 서부 산안드레아스 단층의 서쪽 대륙 일부와 뉴질랜드 일부를 포함합니다.

두 판이 부딪히면 지진과 화산 폭발 이외에 또 어떤 일이 생겨요?

여러 조각의 판들로 맞물려 있는 지구 표면에서 하나의 판이 움직일 때 바로 옆에 있는 다른 판은 어떻게 될까요?

판과 판이 가까워지는 수렴형 경계, 대륙판과 대륙판이 충돌할 때

먼저 수렴형 경계에서는 두 판이 서로 가까워지는데, 이때 판의 종류에 따라 여러 지형이 만들어져요.

대륙판과 대륙판이 가까워지면 판이 충돌하면서 점점 솟아올라 커다란 산이 만들어지지요. 예를 들어 세계에서 가장 높은 에베레스트 산을 품은 히말라야 산맥은 인도-호주판이 유라시아판과 충돌하는 과정에서 생겼답니다.

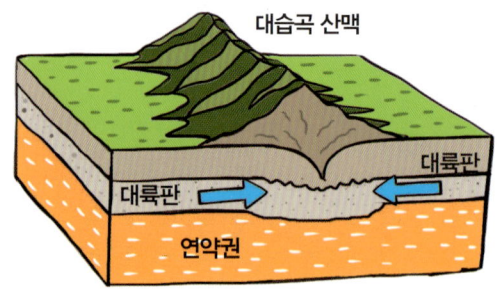

▼ 인도-호주판이 유라시아판과 충돌하면서 생긴 히말라야 산맥

판과 판이 가까워지는 수렴형 경계, 대륙판과 해양판이 충돌할 때

대륙판과 해양판이 가까워지면 해양판이 대륙판 밑으로 비스듬히 미끄러져 들어가지요. 대개 1년에 평균 몇 센티미터씩 들어간답니다. 이곳에서는 바다 밑바닥에 해구라는 좁고 깊은 골짜기가 만들어져요. 예를 들어 일본 해구는 태평양판이 유라시아판 아래로 끌려 들어가면서 만들어졌어요.

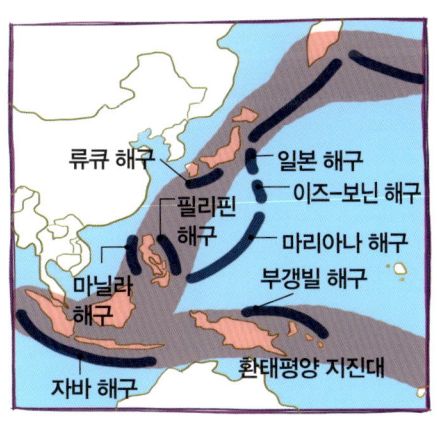
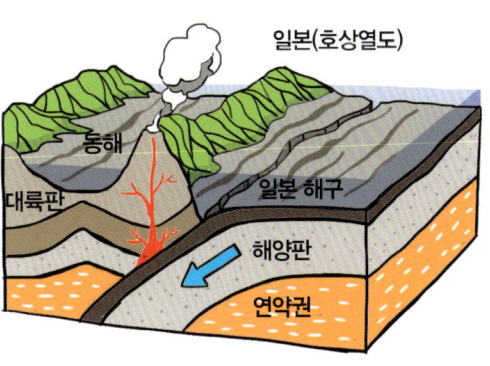

판과 판이 가까워지는 수렴형 경계, 해양판과 해양판이 충돌할 때

해양판이 또 다른 해양판(또는 대륙판의 해양 부분) 밑으로 들어갈 때에는 해구가 만들어질 뿐만 아니라 땅속 깊은 곳에서 만들어진 마그마가 땅 위로 분출되면서 화산섬이 줄지어 나타나기도 해요. 이것을 '호상 열도'라고 해요. '활 모양으로 길게 늘어서 있는 섬들'이라는 뜻이랍니다. 마리아나 제도는 태평양판이 필리핀해판 밑으로 들어갈 때 마리아나 해구와 함께 생겼어요.

사실 일본 열도도 일본 해구와 함께 생긴 호상 열도랍니다. 해양판인 태평양판이 대륙판인 유라시아판 아래로 들어갈 때, 두 판의 접촉면에서 생긴 지질 작용 때문에 생긴 마그마가 분출해 만들어졌지요.

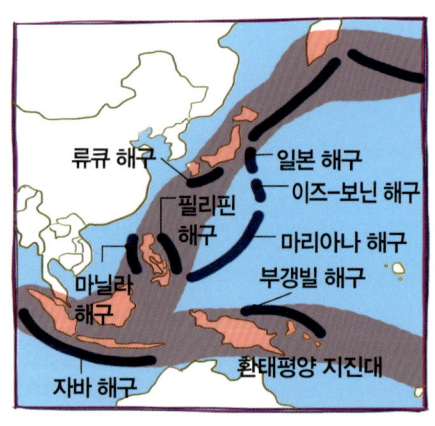
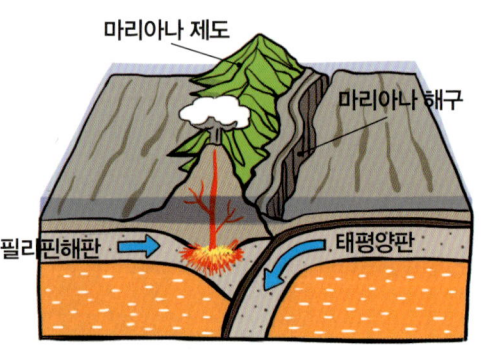

판과 판이 멀어지는 발산형 경계

발산형 경계에서는 판과 판이 서로 멀어져요.

이곳에 나타나는 대표적인 지형은 바닷속에 있는 산맥인 해령이지요. 해령에서는 뜨거운 마그마가 맨틀에서부터 올라와 분출되며 새로운 해

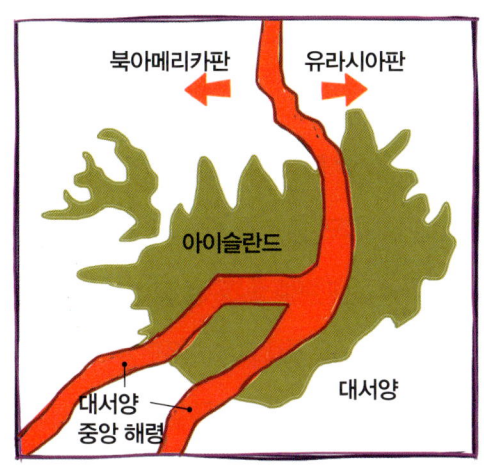 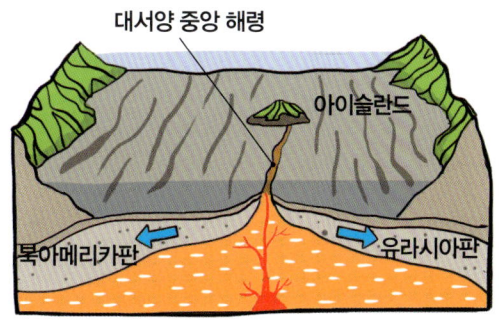

양 지각이 만들어져요. 마그마가 계속 분출되면 먼저 생겨난 해양 지각은 해령을 중심으로 양쪽으로 이동하며 점차 멀어지지요. 대서양의 중앙 해령이 좋은 예랍니다.

판과 판이 엇갈리는 보존형 경계

보존형 경계에서는 판과 판이 엇갈려서 스쳐 지나가요.

발산형 경계처럼 판이 새로 생기거나 수렴형 경계처럼 판이 없어지지 않아요. 이곳에서는 두 판이 수평으로 미끄러지듯 반대 방향으로 어긋나는 변환 단층이 나타나지요.

변환 단층은 주로 해령을 가로지르면서 발달해요. 하지만 미국 캘리포니아의 산안드레아스 단층처럼 대륙에 나타나기도 해요.

  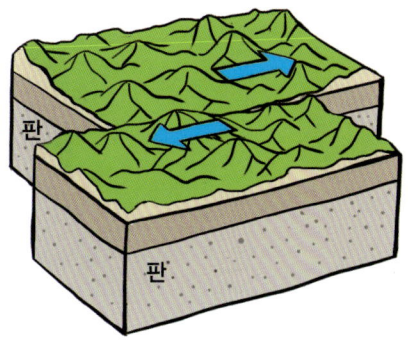

지금도 지구 표면의 판과 대륙이 움직여요?

지금도 지구 표면을 이루는 판은 조금씩 움직이고 있어요. 따라서 판의 일부분인 대륙도 조금씩 움직이고 있지요. 태평양판은 1년에 약 10센티미터씩 북서쪽으로 이동하고, 아프리카판은 1년에 약 2센티미터씩 북동쪽으로 이동해요. 아프리카판이 아라비아판과 멀어지면서 그 사이에 위치한 홍해도 점점 넓어지고 있지요. 그리고 최근 연구에 따르면 호주 대륙은 1년에 6.7센티미터씩 북동쪽으로 움직인다고 해요. 또 남극판은 대서양 쪽으로 1년에 약 1센티미터씩 이동한다고 해요.

그렇다면 아주 옛날에는 대륙 분포가 오늘날과 달랐겠지요? 1912년 독일의 베게너라는 학자가 발표한 *'대륙 표이설(대륙 이동설)'에 따르면, 약 3억 년 전 지구는 '판게아(그리스 어로 모든 땅이라는 뜻)'라는 하나의 커다란 초대륙이 '판타랏사(그리스 어로 모든 바다라는 뜻)'라는 거대한 바다에 둘러싸여 있었다고 해요. 그러다가 2억 년 전쯤 초대륙이 점점 분리되고 이동해 오늘날과 같은 대륙의 분포로 바뀌었다고 해요.

그럼 2억 5000만 년 후 지구는 어떻게 달라질까요? 과학자들은 모든 대륙이 하나로 모여 거대한 초대륙을 이룰 거라고 예상해요. 몇몇 학자들은 우리나라가 초대륙의 중심에 위치할 거라고 예상한답니다. 하지만 그렇게 되면 한반도가 대륙 안쪽에 자리해 비가 안 오는 사막으로 변할 거라고 하네요.

*대륙 표이설(Continental drift theory): 대륙이 표류하듯 이동한다는 학설.

대륙이 움직이는 걸 어떻게 알았나요?

대륙이 움직인다는 생각, 모든 대륙이 처음엔 하나로 연결되어 있었을 거라는 생각은, 20세기 베게너 이전에도 17세기 영국의 프랜시스 베이컨을 비롯해 많은 학자들이 제시했어요. 하지만 지질학적 증거를 수집해 과학적으로 설명한 사람은 베게너가 처음이었지요.

'혹시 아프리카 대륙과 남아메리카 대륙이 붙어 있었던 것은 아닐까?' 1911년 가을, 독일의 알프레드 베게너는 마르부르크 대학 도서관에서 책을 읽다가 매우 흥미로운 논문을 찾아내고는 이렇게 생각했어요. 대서양을 사이에 두고 떨어져 있는 아프리카 대륙과 남아메리카 대륙에서 발견된 동식물 화석이 비슷하다는 논문이었지요. 베게너가 찢어진 신문을 다시 맞추듯이 두 대륙의 지도를 잘라서 맞춰 보았더니 정말로 두 대륙의 해안선이 너무 잘 들어맞았어요.

곧이어 베게너는 남아프리카 고원과 남아메리카 브라질의 지층이 일치하고, 북아메리카 대륙의 애팔래치아 산맥과 영국 스코틀랜드 지방의 지층이 일치한다는 사실을 확인했어요. 또 인도, 호주, 아프리카 대륙 같은 열대나 온대 지역에서 고생대 말에 존재하던 빙하의 흔적이 나타나고, 남극 대륙에서 열대우림 지대의 지층에서 생성된 석탄층이 발견된다는 사실도 알아냈지요. 1912년 베게너는 이 사실을 근거로 삼아 '대륙 표이설(대륙 이동설)'을 발표했고, 1915년 이를 정리해《대륙과 대양의 기원》이란 책을 출판했답니다.

대륙을 움직이는 힘은 뭐예요?

베게너의 대륙 표이설(대륙 이동설)은 많은 비판을 받았어요. 당시 과학자들은 대륙이 움직이지 않고 고정되어 있다고 생각했기 때문이에요. 대륙 이동설이 비판받았던 또 한 가지 이유는 베게너가 대륙을 이동시키는 힘을 제대로 설명하지 못했기 때문이랍니다.

그런데 1928년 영국의 학자 아서 홈스가 '맨틀 대류설'을 내놓으며 대륙이 이동하는 원인을 설명했어요. 대륙은 맨틀 위에 떠 있는데, 맨틀이 움직이기 때문에 그 위에 얹혀 있는 대륙도 함께 이동한다는 것이었지요. 물을 데우면 데워진 부분이 위로 올라가고 차가운 부분이 아래로 내려오면서 전체적으로 물이 데워지지요. 맨틀도 같은 원리로 움직이는데, 이런 움직임을 '맨틀의 대류'라고 해요.

맨틀이 움직인다는 증거는 1950년대가 되어서야 바다 밑에도 해령이라는 거대한 산맥이 있다는 사실이 밝혀지면서 드러났어요. 해령에서는 마그마가 뿜어져 나오면서 새로운 해양 지각이 만들어져요. 이렇게 만들

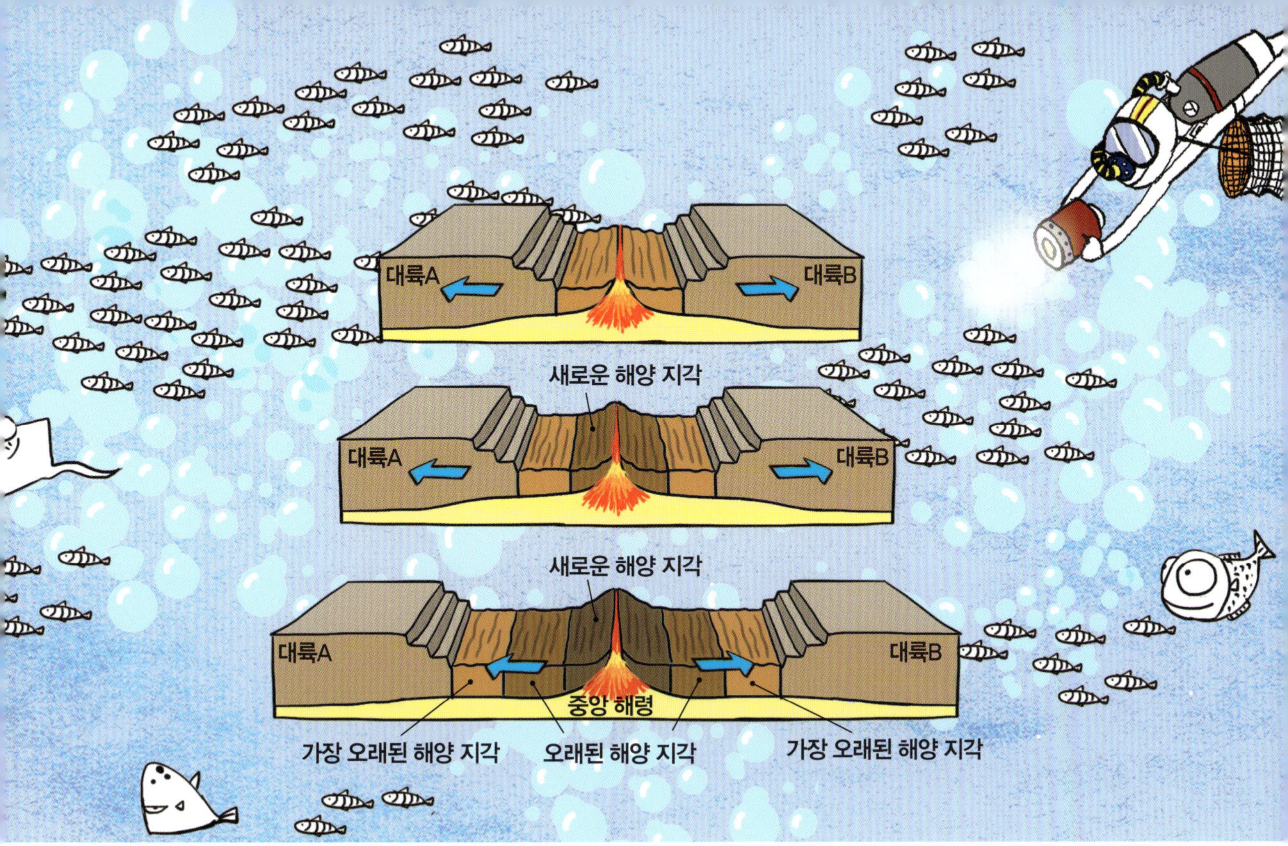

어진 해양 지각은 맨틀이 움직임에 따라 해령에서 서서히 멀어지지요. 이것은 마치 *컨베이어 벨트 위에 놓여 있는 물건이 이동하는 원리와 비슷해요.

 해령에서는 새로운 지각이 계속 만들어지므로, 해양 지각은 해령을 중심으로 점점 확장된답니다. 이러한 주장이 바로 '해저 확장설'이에요. 지구의 겉 표면인 지각이 느리지만 끊임없이 움직인다는 것이지요. 물론 지각은 이렇게 새로 생겨 확장되기도 하지만, 다른 한쪽인 해구(바다 밑 골짜기)에서는 오래된 지각이 맨틀 속으로 들어가기도 한답니다.

*컨베이어 벨트: 두 개 이상의 바퀴에 벨트를 걸어 돌리면서 그 위에 물건을 올려 계속 운반하는 장치.

지구의 내부는 어떻게 생겼어요?

지구 표면의 판과 맨틀은 어디에 위치할까요? 지구 내부가 어떻게 생겼는지 궁금하지요? 과학자들도 여러분과 같은 궁금증을 가졌답니다.

과학자들은 지진이 일어날 때 나오는 지진파를 이용해 지구의 내부 구조를 알아냈어요. 지진파가 통과하는 물질에 따라 진행 방향과 빠르기가 달라지는 성질을 이용한 것이지요.

지구 내부는 크게 지각, 맨틀, 외핵, 내핵으로 나뉘어요.

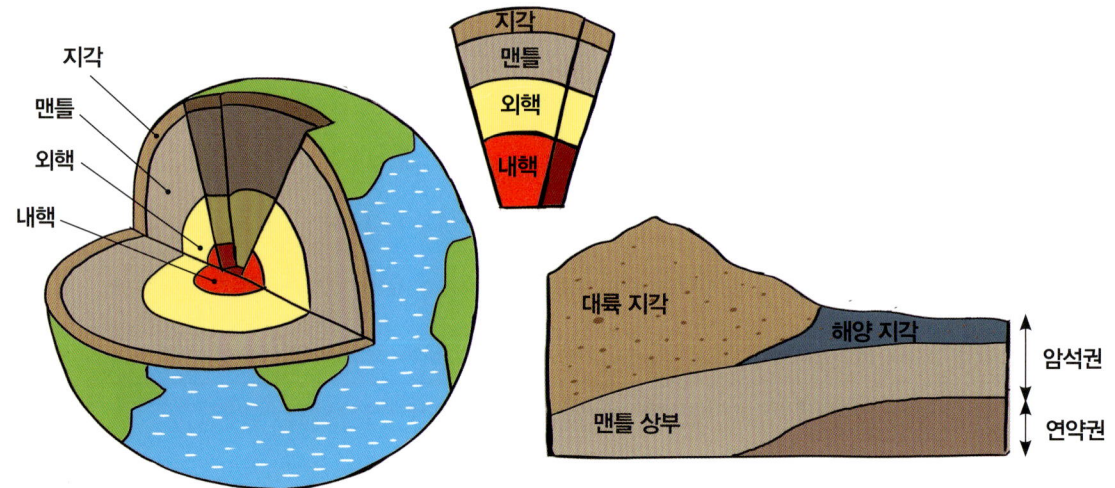

지각

지각은 지구 부피의 1%도 안 되는 지구의 껍데기로, 암석으로 구성되어 있어요. 대륙 지각이 해양 지각보다 두꺼워요. 대륙 지각의 평균 두께는 약 35킬로미터인 반면, 해양 지각의 평균 두께는 약 5킬로미터랍니다. 대륙 지각과 해양 지각은 맨틀 위에 떠 있지요.

맨틀

맨틀은 지구 부피의 약 84%를 차지하며, 지각과의 경계면에서 지구 중심까지의 깊이가 약 2900킬로미터에 이르는 층이랍니다. 이곳은 고체 상태로, 철과 마그네슘이 많은 암석으로 구성되어 있어요.

내핵과 외핵

지구 중심부에 있는 핵은 지구 부피의 약 15%를 차지해요. 내핵과 외핵으로 나뉘어요. 맨틀과의 경계면에서 지구 중심까지의 깊이 약 5100킬로미터까지의 층이 외핵이고, 그 안쪽이 내핵이에요. 외핵은 액체 상태이고 내핵은 고체 상태이며, 내핵과 외핵 모두 철이 주성분일 것으로 추정되지요.

그렇다면 지구 겉 부분의 판은 지각일까요, 맨틀일까요? 지구 겉 부분의 판의 위치는 어디일까요?

판은 두께가 100킬로미터 정도인 딱딱한 암석권의 조각이에요. 암석권은 지각과 맨틀의 일부로 이루어져 있어요. 암석권 아래에는 암석의 일부가 부드럽게 움직일 수 있는 물렁물렁한 상태의 연약권이 있어요. 이 연약권(맨틀)이 대류를 함에 따라 그 위에 떠 있는 판도 움직이는 거랍니다. 마치 가열된 물 위에 떠다니는 나무토막처럼 말이지요.

8장

화산·지진과 다르게 천천히 일어나는 지각 변동

화산 활동이나 지진은 빠른 시간 내에 격렬하게 일어나는 지각 변동이에요.
그런데 엄청나게 오랜 기간에 걸쳐 아주 천천히 일어나는 지각 변동도 있답니다.
땅이 올라갔다 내려갔다 하는 조륙 운동과 커다란 산맥을 만드는
조산 운동에 따른 지각 변동이 바로 그런 예에 속해요.
그리고 지각 변동은 지구에서만 일어나는 게 아니에요.
태양계 다른 행성들에서도 일어난답니다.

땅이 올라갔다 내려갔다 하는 조륙 운동

조륙 운동은 지각이 넓은 범위에서 위아래로 느리게 움직이는 운동이에요. 화산 활동이나 지진처럼 급격하게 일어나지 않아요.

지각이 위로 솟아오르는 현상을 융기, 아래로 가라앉는 현상을 침강이라고 해요.

조륙 운동은 지각평형설에 따라 설명할 수 있어요. 지각평형설은 물 위에 얼음이 떠 있듯 지각이 맨틀 위에 평형을 이루며 떠 있는 것으로 생각하는 이론이에요. 지각에서 높이 솟아 있는 부분은 맨틀 속에 깊이 잠기게 되는 한편, 낮은 부분은 맨틀 속에 얕게 잠기는 식으로 평형을 유지한다는 이론이에요.

지진파로 연구한 결과에 따르면 지각과 맨틀의 경계면이 대륙에서는 깊고 해양에서는 얕은 것을 알 수 있어요.

지각의 두께가 두꺼워지면, 즉 지각이 무거워지면 새로운 평형을 찾아 아래로 가라앉아요. 지각이 침강하는 거예요. 반대로 지각이 가벼워지면 새로운 평형을 이루기 위해 지각이 위로 솟아올라요. 지각이 융기하는 것이지요. 예를 들어 퇴적물이 쌓이거나 빙하가 형성되면 지각이 무거워져 침강하고, 풍화나 침식 작용을 받으면 지각이 가벼워져 융기하지요.

조륙 운동의 예, 스칸디나비아 반도와 세라피스 사원

유럽 북서쪽 끝에 보면 스웨덴과 노르웨이가 위치한 스칸디나비아 반

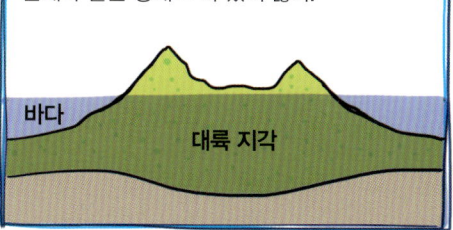

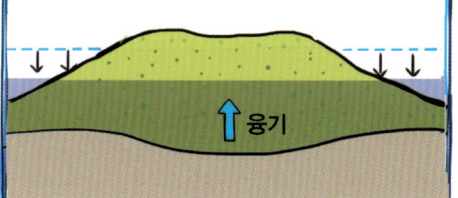

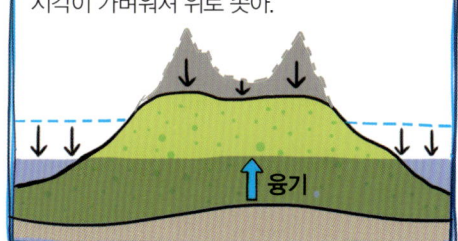

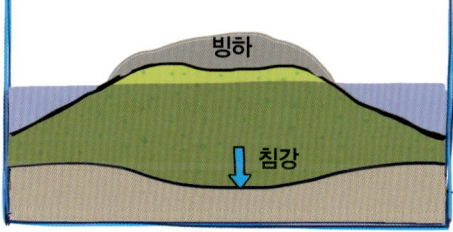

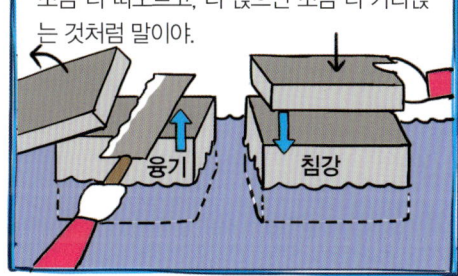

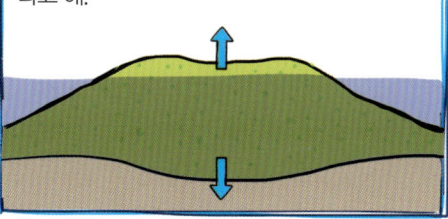

인공위성으로 찍은 스칸디나비아 반도

도가 있어요. 이 반도는 조륙 운동의 대표적인 예랍니다. 이곳은 오래전부터 뒤덮여 있던 빙하가 녹으면서 서서히 융기하고 있지요.

1954년 독일계 미국 지진학자 베노 구텐베르크는 이 지역이 100년에 1미터씩 융기하고 있다고 밝혔어요. 또 9000년 전 빙하가 녹은 뒤 250미터나 솟아올랐으며 아직 200미터 더 솟아오를 거라고 추정했지요. 이 부분의 지각이 균형을 되찾으려면 융기하는 지각 밑을 주위의 맨틀 물질이 이동해 채워야 할 거예요.

또 이탈리아 나폴리 지방의 세라피스 사원도 조륙 운동의 예로 들 수 있어요. 이 사원의 돌기둥을 살펴보면 해수면 위로 6미터나 되는 높이에서도 바닷조개가 뚫어 놓은 구멍을 많이 발견할 수 있답니다. 이게 어떻게 된 일일까요? 기원전 3세기 무렵 사원이 지어질 당시에는 바닷가 언덕이었던 이곳은 건축 후 얼마 되지 않아 서서히 침강했어요. 그리고 바닷속으로 7미터 깊이까지 가라앉았다가 1000년 전부터 다시 융기했다고 해요. 따라서 돌기둥의 구멍은 과거에 사원이 바닷속에 잠겼을 때 조개가 뚫은 것임을 알 수 있답니다.

조륙 운동의 증거인 세라피스 사원 돌기둥의 구멍

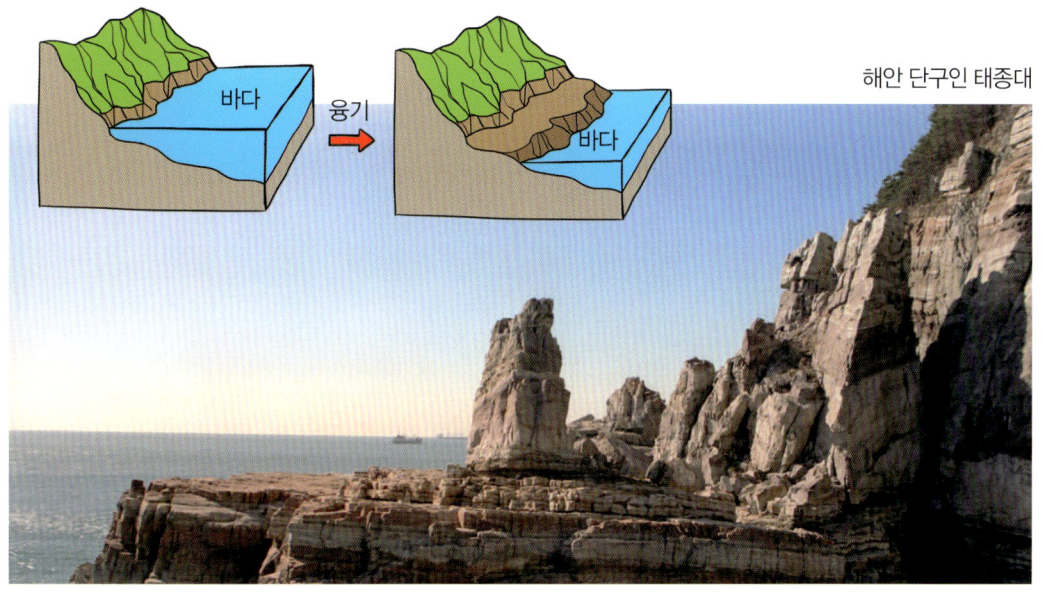

해안 단구인 태종대

조륙 운동의 예, 융기와 침강으로 생기는 지형

동해안의 정동진이나 부산의 태종대에 가면, 해안에 솟아 있는 절벽과 함께 평평한 땅이 계단 모양으로 나타나는 지형을 볼 수 있어요. 바로 해안 단구이지요. 해안 단구는 오랫동안 파도에 깎인(침식) 지각이 물 위로 융기하며 생긴 지형이랍니다.

또한 우리나라 서해안이나 남해안은 해안선의 굴곡이 심한 리아스식 해안이에요. 높이가 들쑥날쑥한 육지가 서서히 침강해 생긴 해안이랍니다. 그 가운데 상대적으로 높은 부분은 섬으로 남아 남해안처럼 다도해를 이루지요.

또 빙하에 의해 만들어진 해안인 피오르드도 침강의 예랍니다. 단면이 U자 모양인 계곡이 침강해 그 골짜기로 바닷물이 들어와 생긴 해안이지요.

리아스식 해안과 다도해

대규모 습곡 산맥을 만드는 조산 운동

호주-인도판이 유라시아판과 충돌하면서 퇴적층이 밀려 올라가 만들어진 히말라야 산맥

아프리카판이 움직여 유라시아판과 충돌하면서 퇴적층이 밀려 올라가 만들어진 알프스 산맥

히말라야 산맥을 비롯해 세계적으로 유명한 알프스, 안데스, 로키 산맥은 지층이 물결 모양으로 주름져 있는 습곡 산맥이에요. 이와 같이 대규모 습곡 산맥을 만드는 지각 변동을 조산 운동이라고 해요. 조산 운동은 크게 퇴적 단계, 조산 단계, 침식 단계로 나뉘어요.

조산 운동의 첫 번째 단계, 퇴적 단계

퇴적 단계는 육지로부터 운반된 퇴적물이 대륙 주변 바다 밑에 쌓이는 단계예요. 퇴적물은 가라앉아 쌓이며 층을 이루어요. 퇴적층의 두께는 수천 미터 이상에 이르지요. 두꺼운 퇴적층은 무려 1만~1만 5000미터에 이르기도 해요.

조산 운동의 두 번째 단계, 조산 단계

바다 밑의 두꺼운 퇴적층이 양쪽에서 미는 큰 힘(횡압력)을 받아 습곡 산맥으로 바뀌는 단계예요. 좌우로 미는 강한 힘, 즉 횡압력이 가해지면 두꺼운 지층이 주름지면서 솟아올라 습곡 산맥이 만들어져요. 따라서 습곡 산맥의 땅속에서는 바다 생물의 화석이 종종 발견되지요. 좁게는 조산 단계만을 조산 운동이라고도 해요.

조산 운동의 마지막 단계, 침식 단계

높이 솟아오른 습곡 산맥이 풍화나 침식으로 깎이며 평탄해지는 단계예요. 5억 4000만 년 이전의 선캄브리아 시대에 생성된 습곡 산맥은 오랜 세월이 흐르는 동안 평탄하게 깎여 안정된 순상지를 이루고 있어요. 순상지는 방패 모양을 이루는 넓고 평탄한 지형을 말해요.

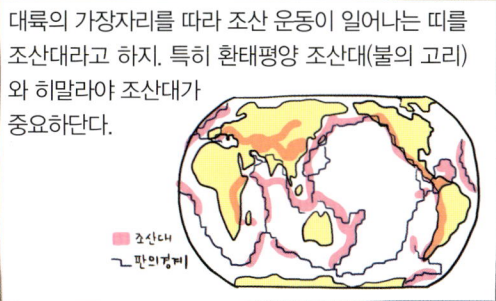

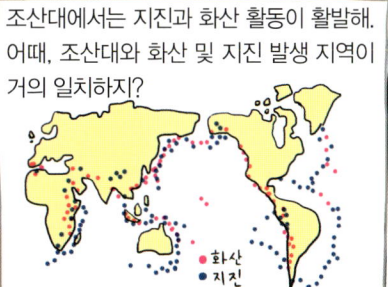

지각이 끊어져 어긋난 단층

백령도 두무진의 선대암

이게 바로 단층이구나.

서해 최북단의 섬 백령도에는 '서해의 해금강'이라 불릴 만큼 아름다운 풍경을 자랑하는 곳이 있어요. 섬의 북서쪽에 있는 포구인 두무진인데, 이곳에는 깎아지른 듯한 해안 절벽과 각양각색의 기암괴석이 솟아 있지요. 특히 시루떡처럼 쌓인 여러 층의 지층을 살펴보면 중간에 대각선으로 어긋나 있는 모습이 눈길을 끄는데, 이것이 바로 단층이라는 구조예요.

지각 변동이 일어나 무척 큰 힘이 작용하면 단단한 지층도 휘어지거나 끊어질 수 있어요. 휘어진 구조는 습곡, 끊어진 구조는 단층이라고 하지요. 습곡이나 단층처럼 지층이 지각 변동을 받아 변형된 모습을 지질 구조라고 해요.

단층은 특정한 크기 이상의 힘이 작용할 때 지층에서 약한 부분을 따라 끊어진 뒤 두 부분으로 나뉘며 어긋난 구조예요. 이때 끊어진 면을 단층면이라고 하는데, 단층면이 수직이면 수직단층이라고 하고, 경사진 단층면을 경계로 해서 위쪽에 있는 지층을 상반, 아래에 있는 지층을 하반이라고 해요.

지층에 작용하는 힘의 방향에 따라 상반이나 하반의 움직임이 달라지고, 생기는 단층의 종류도 달라요. 지층 양쪽에서 잡아당기는 힘(장력)이 가해지면, 상반이 하반보다 아래로 내려가 정단층이 생겨요. 반대로 지층 양쪽에 미는 힘(횡압력)이 작용하면, 상반이 하반보다 위로 올라가 역단층이 만들어진답니다. 그리고 단층면을 따라 상반과 하반이 수평으로 움직일 때는 주향 이동 단층이 형성되지요.

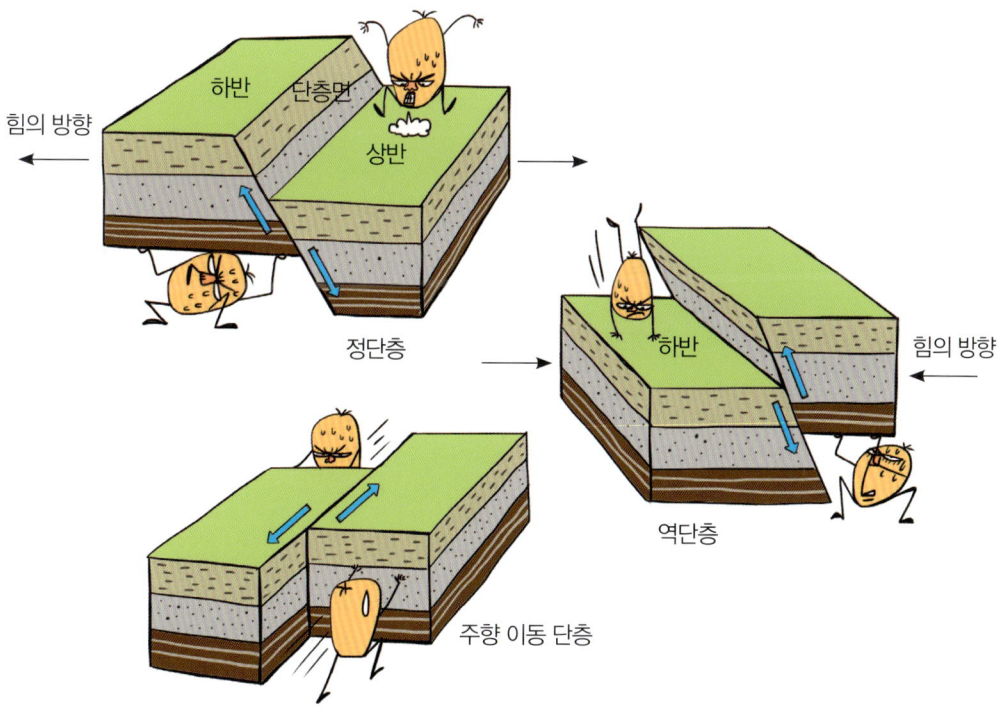

태양계에서 일어나는 지각 변동

지각 변동의 결과나 흔적은 지구 밖에서도 발견할 수 있어요. 딱딱한 암석(지각)으로 뒤덮인 행성이나 위성에서 말이지요. 대표적인 예가 지구 가까이 있는 금성과 화성이랍니다.

금성에서도 지각 변동이 일어나요

먼저 금성은 크기와 질량이 지구와 비슷해 내부 구조도 지각, 맨틀, 핵으로 되어 있을 것으로 추정되지요. 하지만 금성에서는 지구처럼 여러 개의 판들이 움직여서 생기는 지진이나 화산 활동과 같은 지각 변동은 보이지 않아요. 그 대신 주기적으로 지각이 다시 생길 것으로 추정되고 있지요. 현재 금성에 있는 크레이터(운석 충돌 구덩이) 가운데 약 85%가 처음 상태 그대로 유지되고 있는데, 이는 금성 표면이 3억 년~6억 년 전쯤 전체적으로 새롭게 바뀌었을 거라는 뜻이라고 해요.

어떻게 이런 일이 가능할까요?

지구 지각은 계속 움직이기 때문에 맨틀에서 열이 나오지만, 금성에서는 이런 현상이 일어나지 않아요. 그 대신 금성에서는 맨틀이 뜨거워져 특정 온도에 이르면 지각이 약해지는데, 약해진 지각은 약 1억 년에 걸쳐 모두 맨틀 안으로 가라앉고 완전히 새로운 지각이 만들어져요. 아마도 이 과정은 일정한 시간 간격으로 반복될 거라고 해요.

금성 표면은 약 80%가 평원으로 되어 있는데, '대륙'이라고 불릴 만한 높은 지형이 두 군데 있어요. 북반구에 있으며 면적이 호주 정도인 이슈타르 테라, 적도 바로 남쪽에 있으며 면적이 남아메리카 정도인 아프로디테 테라가 그 주인공들이지요. 이들의 이름은 각각 고대 바빌로니아의 사랑의 여신 이슈타르, 고대 그리스의 사랑의 여신 아프로디테에서 따왔어요. 특히 이슈타르 테라에는 금성에서 가장 높은 맥스웰 산이 위치하는데, 평균 표면 높이보다 11킬로미터 더 높이 솟아 있지요.

화성에서도 지각 변동이 있어요

화성 역시 내부 구조가 지구와 같이 지각, 맨틀, 핵으로 나뉘어 있을 것으로 예상되어요.

과학자들의 연구에 따르면, 화성의 지질 시대는 크게 3시기로 구분된답니다. 화성이 형성되던 45억 년 전에서 35억 년 전까지(노아키안 기), 35억 년 전에서 29억 년 ~33억 년 전까지(헤스페리안 기), 그 이후부터 현재까지

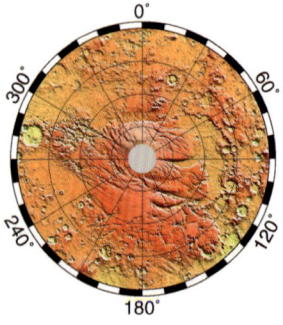 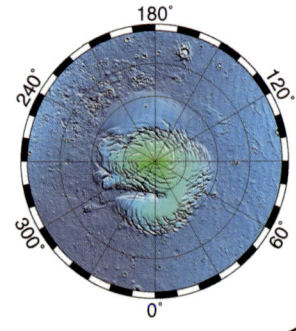

> 왼쪽 220~300도 사이에 타르시스 융기부가 보이는데, 이곳에 화성에서 가장 높은 올림푸스 산(북위 18도, 동경 225도)이 자리하지.

> 또 그 오른쪽으로 적도 부근에 깊게 파여 있는 부분이 마리너 계곡이야. 오른쪽 적도 아래에 파란 부분은 헬라스 분지란다.

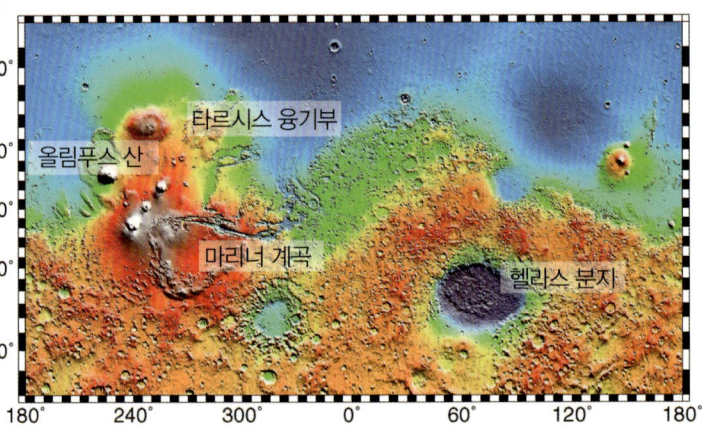

▼ 화성의 마리너 계곡

(아마조니안 기)로 말이지요.

　노아키안 기에는 표면에 크레이터가 많았고 적도 근처에 화산 고원인 타르시스 융기부가 형성되었으며, 후기에는 광범위하게 물이 흘러 홍수가 났다고 해요.

　헤스페리안 기에는 넓은 용암 평원이 형성되었고, 아마조니안 기에는 타르시스에 태양계 최대 화산으로 알려져 있는 올림푸스 화산이 솟아났답니다.

　흥미롭게도 화성 적도에는 행성 둘레의 5분의 1에 해당할 정도로 긴 거대한 협곡이 있어요. 최대 깊이 7킬로미터에 길이가 4000킬로미터에 달하는 마리너 계곡으로, '화성의 흉터'라고 불리지요. 그 길이는 유럽의 길이와 맞먹어요. 깊이 2킬로미터에 길이가 446킬로미터인 지구의 그랜드 캐니언에 비교하면 엄청난 규모랍니다. 마리너 계곡은 마그마가 북쪽으로 밀려 올라가며 타르시스가 부풀듯이 성장할 때, 그 영향으로 적도 쪽의 지각이 무너지면서 만들어졌다고 해요.

사진 출처

부산광역시청, 연합뉴스, 옹진군청, 울릉군청, 제주관광공사, Dreamstime, EUMETSAT(Martin Setvak(CHMI) and Jochen Kerkmann(EUMETSAT)), NASA(NASA/JPL, MOLA Science Team), shutterstock, Wikipedia(Robert Simmon, Ikluft), Wikimedia commons(Ivtorov, Lukas, Kevin Walsh, Junho Jung, Gertjerry, Bdpmax, Karla Yannín Alcázar Quintero, Lancevortex, Pastorius, Daninaso, TANAKA Juuyoh, Jrobertiko, Worldtraveller at en.wikipedia, Hawaii Volcano Observatory, Tubbi, Logan Abassi, Pierre St. Amand, A. Grantz., Taro Taylor, Norbert Nagel, Leonard J. DeFrancisci, Siim Sepp, Heinz-Josef Lücking, USGS, 날개, Ji-Elle, chmee2, UN photo Logan, Abassi)

- 이 책에 실린 사진은 저작권자의 허락을 받아 게재한 것입니다.
- 저작권자를 찾지 못해 게재 허락을 받지 못한 일부 사진은 저작권자가 확인되는 대로 게재 허락을 받고 통상 기준에 따라 사용료를 지불하겠습니다.

찾아보기

ㄱ
간헐천 69
거문오름 47
금성 30
기상청 지진센터 109
기생화산 20

ㄴ
남극판 128
남아메리카판 128
내핵과 외핵 141
니라공고 산 70

ㄷ
다도해 147
단성화산 48
단층 150
단테Ⅱ 72
대륙 표이설(대륙 이동설) 134
대륙붕 26
대서양 중앙 해령 133
데칸 고원 21
독도 44
독일의 알프레드 베게너 136
돌하르방 24
동해 지진해일 122

ㄹ
리아스식 해안 147

ㅁ
마그마 15
마리너 계곡 155
마리아나 해구 132
마우나케아 화산 27
마우나로아 화산 18, 71
만장굴 47
맥스웰 산 30, 153
맨틀 141
맨틀 대류설 137
맨틀의 대류 137
뭉크의 '절규' 57

ㅂ
발산형 경계 132
발해 37
백두산 34, 36, 40
백령도 두무진 선대암 150
백록담 38
베수비오 산 70
벳푸 온천 68
보존형 경계 133
복합화산 20
볼케이노 14
북아메리카판 128

불의 고리 126
불카누스 14

ㅅ
사쿠라지마 산 70
산방산 19, 46
산안드레아스 단층 133
산타마리아 화산 71
서울시민안전체험관 109
석굴암 25
석회동굴 49
성산 일출봉 47
성층화산 19
세계에서 일어난 역사상 중요한 지진 88
세라피스 사원 146
수렴형 경계 130
수정 메르칼리(MM) 진도 계급 86
순상화산 18
슈퍼 화산 56
스칸디나비아 반도 144
습곡 150
습곡산맥 148
심발지진 82

##
아라비아판 128
아이티 지진 97

아틀란티스 64
아프로디테 테라 153
아프리카판 128
알프스 산맥 148
앞으로 10년 동안 지켜보아야 할 세계 화산 70
에트나 화산 14, 20, 70
여진 107
역단층 151
영국의 아서 홈스 138
올림푸스 화산 29
용암대지 21
용암동굴 48
우리 역사 속 지진 기록 112
우리나라의 지진 분포 115
울릉도 44
원자력 발전소 102
원추화산 19
유라시아판 128
유럽 항공 대란 62
이슈타르 테라 153
이오 31
일본 기상청(JMA) 진도 계급 86
일본 해구 131

조륙 운동 144
조산 운동 148
종상화산 18
주상절리 46, 49
주향 이동 단층 151
중발지진 82
지각 140
지진 80
지진 대피 요령 106
지진 시뮬레이션 120
지진 전조 현상 92
지진 조기 경보 93
지진 피해 86
지진계 85
지진대 126
지진의 세기 86
지진파 84
지진학자 108
지진해일 98, 100
지층 81
진도 86
진앙 82
진원 82

칠레 지진 97

카리브판 128
칼데라 호 38
콜리마 화산 71
크레타 문명 65

타르시스 융기부 154
탐보라 화산 54
태양계의 지각 변동 152
태종대 147
태평양판 128
토바 화산 56

ㅍ

파리쿠틴 화산 52
판게아 134
폼페이 66
표면파 85
풍화 145
플라톤 64
피나투보 효과 61
피오르드 해안 147
필리핀해판 128

ㅈ

정단층 151
정방폭포 47
제주도 44, 46

ㅊ

처녀수 17
천발지진 82
천지 38
체르노빌 사고 104

하와이 제도 27
한국지질자원연구원 77
한국지질자원연구원 지진연구센터 109
한라산 42
해구 126
해령 132
해안 단구 147
해저 화산 26
해저 확장설 139
헤파이스토스 14
현무암 22
호주-인도판 128
화강암 22
화구호 38
화산 14
화산 가스 16
화산 분출물 16, 58
화산 폭발 지수 54
화산 폭발의 세기 54
화산대 126
화산이류 59
화산재 60, 62
화산학자 76
화성 29
화성쇄설류 59
화성쇄설물 54
화성암 22
환태평양 화산대와 주요 지진 127

후지 산 19
후쿠시마 사고 104
히말라야 산맥 130, 148

전 41권 | 각 권 12,000원

'환경부 우수환경도서' 선정 | '미래창조과학부 우수과학도서' 선정 | '법무부 추천 도서' 선정 | '문화체육관광부 우수교양도서' 선정
'아침독서 추천 도서' 선정 | '어린이문화진흥회 좋은 어린이책' 선정 | '소년한국 우수어린이도서' 선정 | '학교도서관 사서협의회 추천 도서' 선정
'한국출판문화산업진흥원 청소년 권장도서' 선정 | '한국어린이교육문화연구원 으뜸책' 선정